성공적인
자기주장을 위한

# 긴급
# 보고서

나 자신을 드러내고 당당하게 논리적인 주장 펼치기

팀 구텐베르크 지음

# 목차

우리 모두는 때로 자신의 감정을 표현하고 주장을 펼치는 것에 어려움을 겪을 때가 있습니다. 이런 어려움은 다양한 상황에서 나타납니다. 어쩌면 회의실에서 의견을 내놓아야 할 때, 또는 친구와의 대화에서 자신의 느낌을 공유해야 할 때일 수도 있습니다. 감정을 드러내는 것이 부끄럽거나, 논리적으로 주장하는 것이 쉽지 않은 경우가 많죠. 이런 순간들은 우리의 자신감에 영향을 미치고, 때로는 우리가 진정으로 원하는 것을 표현하는 데 방해가 될 수 있습니다.

하지만 이 책이 그런 고민들을 해소하고, 자신의 감정을 드러내고 주장을 당당하게 펼칠 수 있는 능력을 키우는데 도움을 줄 것입니다. '성공적인 자기주장을 위한 긴급보고서'는 감정을 부끄러워하지 않고 표현하는 방법과 논리적으로 주장하는 방법을 소개합니다.

이 책은 여러분이 감정과 논리를 조화시켜 성공적으로 주장할 수 있는 능력을 키우는 자기 주장 능력을 개발하는 계기가 될 것입니다. 여기에서 배우는 기술과 지식은 개인적인 성공 뿐 아니라 직장에서의 커뮤니케이션, 대중 앞에서의 발표, 그리고 일상 생활에서도 큰 도움이 될 것입니다. 또한 당신은 자신의 의견을 명확하고 자신감 있게 전달하는 방법을 배울 것입니다. 이것은 단순히 의사소통 기술을 넘어서, 당신의 자아실현과 개인적 성장에도 중요한 역할을 합니다.

 무엇보다도 여러분은 스스로를 당당하게 드러낼 수 있게 됩니다. 자기 주장의 기술은 단순히 말을 잘하는 것 이상의 의미를 갖고있습니다. 그것은 자기 자신을 이해하고, 타인과의 관계에서 자신의 위치를 확립하는 것입니다. 이 책에서 여러분은 다양한 상황에서 효과적으로 의사소통하는 방법뿐만 아니라, 자기 자신을 더 깊이 이해하는 방법을 배우게 될 것입니다.

 그럼으로써 여러분이 더 자신감 있게 감정을 표현하고 주장을 펼치며, 자기 자신을 더 나은 방향으로 이끌어 나갈 수 있기를 기대합니다. 자신감을 갖고 자신의 의견을 표현하는 것은 개인적인 성취감을 높일 뿐만 아니라, 사회적 관계와 직장에서의 성공에도 크게 기여할 것입니다.

 그렇게 마지막 페이지를 덮은 후의 여러분은 자기 자신을 더 잘 이해하고, 타인과의 관계를 개선하며, 세상에 당당하게 자신의 목소리를 낼 수 있는 능력을 개발하게 될 것입니다. 우리는 이 책을 통해 여러분이 삶의 모든 영역에서 더 행복하고 만족스러운 삶을 살 수 있도록 지원하고자 했습니다.

 이 책이 여러분의 손에 들어간 것은 결코 우연이 아닙니다. 책을 선택한 동기는 사실 그 지식을 원하는 무의식에 근거한 것이니까요. 이것은 여러분의 성장과 발전을 위한 위대한 발걸음이 될 것입니다. 감사합니다.

올바른 지식을 전달하기 위해 힘 쓰는
팀 구텐베르크의
팀장 김민성

# 01 PART

## 당신이 당당히
## 말하지 못하는 이유

---

세상에는 분명히 여러분이 틀렸다고 여기는 명백한 사실이 존재합니다. 이 사실을 여러분 자신만이 인지하고 있죠. 그러나 여러분은 이를 말하지 못하고, 적당한 핑계를 대며 그 사실은 옳지 않을 것이라고 합리화합니다. 대체 왜, 여러분은 말을 하지 못하는 것일까요?

이 책의 첫 번째 장에서는 바로 이 질문에 답하고자 합니다. 이 장에서 우리는 다수에게 명확히 발화하지 못하는 이유들을 탐구할 것입니다. 문제를 해결하기 위해서는 그 문제를 명확히 정의해야 하기 때문이죠. 첫 장을 통해 여러분은 감정이 어떻게 여러분의 자기 주장 능력에 영향을 미치는지, 어떤 감정이 주장 능력을 가장 크게 제한하는지, 우리가 감정을 회피하기 위해 사용하는 주요 수단은 무엇이며, 그 문제인 해리 현상이 상황을 어떻게 더 악화시키는지를 배우게 됩니다. 또한, 감정을 해결하더라도 우리가 자기 주장을 하지 못하게 만드는 사고의 오류들에 대해서도 알아볼 것입니다.

## 01
## 감정이 자기주장을 못하게 한다

다시한번 여러분들께 한번 묻겠습니다. 왜 우리는 자기 주장을 펼치는 것을 힘들어 하는 걸까요?

다양한 이유가 있겠지만, 핵심적인 이유는 바로 감정 때문입니다. 왜냐하면 우리가 행하는 모든 발화에 감정이 커다란 영향을 미치며, 감정의 상태에 따라 발화의 방향과 성과가 결정되기 때문입니다.

첫 번째로 우리는 우리의 사고능력, 의사소통 능력을 제한하는 감정의 영향에 대해 살펴보겠습니다.

### 1. 감정에 따른 사고 수준 제한

### (1) 부정적인 감정은 아는 것을 모르게 한다.

감정은 삶에서 매우 다양한 역할을 합니다. 우리가 경험하는 감정은 우리의 생각, 판단 그리고 행동에 영향을 미치는 강력한 요소이죠. 하지만 감정의 상태와 방향에 따라 우리에게 끼치는 영향은 극명하게 다릅니다. 특정한 감정은 우리의 능률과 행복도를 향상시킬 수 있지만, 또 다른 감정은 우리를 불행하게 만들고, 원하는 것을 얻지 못하게 만드는 장벽으로 작용할 수도 있습니다. 예를 들어, 누군가가 분노를 느낀다면 주변 사람들의 말을 제대로 듣지 못할 뿐 아니라 원하는 것을 논리정연하게 전달하지 못할 것입니다. 분노는 인지 능력과 수용력을 약화시켜, 여러분이 평소라면 동의할 정보조차도 무시하게 만들기 때문입니다. 이처럼 감정은 우리의 인지 능력에 '맹점'을 만들어, 평소에 쉽게 알아챌 수 있는 사실들조차 간과하게 만들 수 있습니다.

감정이 우리의 사고를 제한하는 현상은 안개가 짙게 낀 길을 걷는 것과 같습니다. 안개 속에서는 평소에 잘 알고 있는 길도 낯설게 느껴집니다. 부정적인 감정으로 인해 우리는 알고 있는 지식이나 정보, 심지어 평소에 의지하는 직관조차도 안개처럼 차단되어 보이지 않을 수 있습니다. 이처럼 부정적인 감정은 우리가 소유한 지식의 가시성을 낮추어, 그 순간에 우리가 가진 지식을 활용하지 못하게 만듭니다.

또한 감정의 영향은 단순히 정보를 잊어버리게 만드는 것에 그치지 않습니다. 감정은 우리의 판단 기준을 왜곡시킬 수도 있습니다. 예를 들어, 사랑에 빠진 사람은 종종 상대방의 결점을 간과하거나 정당화하는 경향이 있습니다. 이는 감정이 우리의 합리적인 판단력을 흐리게 하여, 실제보다 더 긍정적이거나 부정적인 시각을 가지게 만듭니다.

이렇게 감정의 영향을 이해하는 것은 우리가 의사결정을 내릴 때에도 중요한 고려사항이 됩니다. 감정은 우리의 생각을 좁은 틀 안에 가두어, 중요한 사실이나 가능성을 놓치게 만듭니다. 두려움을 느낄 때 위험을 더 과대평가하고, 과도하게 조심성을 발휘하는 것처럼 말이죠. 반면, 과도한 자신감은 우리가 위험을 과소평가하고, 무모한 결정을 내리게 할 수도 있습니다.

이처럼 우리가 감정에 사로잡혀 있을 때, 우리는 숲을 보지 못하고 나무만 보는 상황에 빠질 수 있습니다. 이러한 '감정적 터널 시야'는 우리가 더 넓은 관점에서 생각하고 판단하는 데 방해가 됩니다.


## (2) 부정적인 감정은 아는 것을 말하지 못하게 한다.

이렇듯 우리가 경험하는 감정은 우리의 사고와 지식 수준을 제한하는 것 뿐만 아니라 의사 소통 능력에도 부정적인 영향을 미칩니다. 그로인해 우리는 안다고 생각하는 사실조차 발화하기 어려운 상황에 놓이기도 합니다.

예를 들어, 공개 발표를 앞둔 상황을 상상해보십시오. 발표할 내용을 충분히 알고 있고 충분히 연습했음에도 불구하고, 무대에 서는 순간 긴장감과 불안감이 엄습합니다. 이러한 감정은 당신이 알고 있는 내용을 제대로 전달하는 데 방해가 됩니다. 당신은 연습했던 내용을 잊어버리고, 말을 더듬거나 중요한 포인트를 놓치게 됩니다. 이는 감정이 우리의 소통적 능력, 즉 발화에 어떻게 영향을 미치는지를 잘 보여줍니다.


## (3) 감정을 이해하고 드러낼 때 우리는 완전해진다

하지만 우리는 감정을 무시해서는 안 됩니다. 감정은 우리의 자아를 형성하는 데 중요한 역할을 합니다. 감정은 단순히 순간적인 느낌에 그치지 않습니다. 우리의 감정은 우리의 생각과 태도 그리고 행동에 깊이 영향을 미칩니다. 이러한 특성으로 인해 감정은 자아의 핵심적인 부분으로 작용하며, 감정을 통해 우리는 자신의 경험을 의미 있게 해석하고, 이를 바탕으로 자신의 정체성을 구축합니다. 따라서 자아 형성의 영역에서도 감정은 매우 중요한 역할을 합니다. 감정은 우리가 누구인지, 우리가 어떻게 반응하는지를 결정하는 중요한 요소이며, 이를 이해하고 표현함으로써 더 높은 자기 완성의 수준에 도달할 수 있습니다.

또한 감정을 드러내고 공유할 때, 자신의 경험을 더 깊이 이해하며 자신을 더 잘 표현할 수 있습니다. 감정을 표현하는 것은 우리가 겪는 경험을 더 명확하게 만들며, 이를 통해 우리는 자신의 감정과 생각을 더 잘 이해하기 때문입니다.

이러한 점을 고려할 때, 우리가 스스로의 감정에 대한 인식도를 높이는 것이 자기 주장을 강화시킨다는 것은 의심할 바 없습니다. 따라서 성공적인 자기주장을 위해 감정에 대한 명확한 이해는 필수적입니다.

하지만 감정을 이해하고 표현하는 과정은 어렵습니다. 감정은 복잡하고 예측할 수 없으며, 우리의 불완전한 사고는 오히려 감정을 분석하는 것을 어렵게 만듭니다. 그럼에도 불구하고 우리는 감정을 이해하기 위해 노력해야 합니다. 감정을 이해하고 표현하는 과정에서 우리는 자신의 감정과 생각을 더 깊이 탐구하고, 이를 통해 자신을 더 잘 이해하고 표현할 수 있기 때문입니다. 바로 이것이 성공적인 자기주장 능력을 기르는 비결입니다.

## 2. 우리가 감정을 느끼는 이유

앞에서 언급한 것처럼 감정은 우리의 삶에 있어 부정적인 영향을 끼칩니다. 하지만 이렇게 감정이 부정적인 영향을 끼친다면 감정이 발현되는 것을 멈추면 되는 것 아닐까요?

유감스럽지만 그것은 불가능합니다. 왜냐하면 감정의 발현은 우리가 의식적으로 통제할 수 없는 영역이기 때문입니다. 의식적으로 통제할 수 없다는 말은 곧 그것의 발현을 인정하고 수용해야 한다는 뜻입니다.

감정은 단순히 우리가 느끼는 것 이상의 복잡한 매커니즘을 갖고 있는 현상이며, 워낙 다양한 원인으로부터 발현되기 때문에, 이러한 감정이 어디서 오는지 이해하는 것은 그 자체로 중요한 탐구 주제입니다.

따라서 우리는 먼저 감정이 무엇으로부터 발현되는지를 살필 것입니다. 무언가를 인정하고 수용하기 위한 가장 좋은 방법은 그것을 이해하는 것이기 때문입니다.

감정의 발현은 두 가지의 감정 회로에서 발생합니다. 첫 번째는 태어날 때부터 발현 과정이 정해진 선천적 감정 회로이며, 두 번째는 개인적 경험과 지식의 의해 발생 과정이 정해지는 후천적 감정 회로입니다. 우리는 먼저 선천적 감정 회로에 대해 살펴보겠습니다.

## (1) 선천적 감정 회로

선천적 감정 회로는 인간이라는 종의 생물학적, 진화론적 근거으로부터 발생하는 감정 회로입니다. 먼저 생물학적 근거에 대해 살펴보겠습니다.

### ● 감정의 생물학적 근거

감정의 생물학적 근거는 감정이 우리의 뇌와 신체 간 복잡한 상호작용으로 이루어져 있다는 사실에 기인합니다. 감정은 뇌의 특정 부위와 호르몬의 활동에 크게 의존하며, 이러한 생물학적 메커니즘은 우리가 다양한 감정을 경험하고 그에 맞게 행동하는 데 핵심적인 역할을 한다는 것입니다.

먼저, 감정과 관련된 뇌의 특정 부위를 살펴보겠습니다. 감정은 뇌의 어느 부위에서 발생할까요? 감정은 편도체라고 하는 부위에서 발생합니다. 감정 중추인 편도체는 다양한 감정을 생성하고 표현하는 데 관여합니다. 편도체에서 발생되는 감정은 분노와 공포 같은 부정적 감정에서 사랑과 행복 등의 긍정적인 감정까지 다양합니다. 이렇게 뇌의 영역이 감정의 생성과 조절에 중요한 역할을 하며, 특히 편도체의 활동은 감정의 발생을 뒷받침하는 생물학적 근거 중 하나입니다.

또한 뇌의 감정 중추와 함께, 감정은 화학적인 신호인 호르몬과도 밀접한 관련이 있습니다. 예를 들어, 스트레스 감정과 관련된 감정 중 일부는 스트레스 호르몬인 아드레날린과 노르에피네프린의 증가와 관련이 있습니다. 이러한 호르몬은 긴장 상태에서 우리 몸에 변화를 일으키며, 심박수를 증가시키고 근육을 긴장시키는 등의 생리적 반응을 유발합니다. 따라서 스트레스나 분노와 같은 감정을 포함한 다양한 감정이 호르몬의 활동과 연결되어 있으며, 이로 인해 우리 몸이 감정에 맞게 대응합니다.

또한 우리의 생물학적 기반은 감정의 개인적 차이를 설명하는 데도 기여합니다. 개인마다 뇌의 활동 및 호르몬 수준에 차이가 있으며, 이러한 차이는 왜 어떤 사람들은 특정 상황에서 다른 사람보다 더 강한 감정을 경험하는지를 설명하는 데 중요한 근거가 됩니다. 또한 감정의 강도와 지속성은 뇌와 호르몬의 상호작용에 따라 변할 수 있으며, 이러한 변화는 감정의 경험과 표현에 영향을 미칠 것입니다.

## ● 감정의 진화론적 근거

선천적 감정 회로를 구성하는 두 번째 근거는 바로 진화론적 근거입니다. 진화의 관점에서 볼 때, 감정은 인간이 환경에 적응하고 사회적 관계를 형성하는 데 필수적인 기능을 수행했으, 이는 결국 인간이 살아가는 과정에서 생존과 번식에 도움이 되는 방향으로 발전해왔습니다.

예를 들면, 사랑과 애정은 개인 간의 유대를 강화하고, 그룹 내에서의 협동과 협력을 촉진했습니다. 이러한 감정은 사회적 유대를 강화하고, 집단 내에서 협력적인 행동을 장려함으로써 생존과 번식의 성공률을 높였습니다.

또한 질투와 같은 감정은 다양한 자원을 얻기 위한 경쟁에서 발생했으며, 이는 진화적으로 개인의 번식 성공률을 높이는 데 기여할 수 있었습니다. 질투는 자신이 원하는 자원을 다른 사람이 소유할 때 발생하며, 질투는 그 자원을 쟁취하도록 개인의 행동을 촉진시켰기 때문입니다.

또한 두려움은 위험한 상황에서 우리를 보호하는 역할을 했습니다. 두려움은 우리의 조상들은 위험을 감지하고 그에 대응하여 생존할 수 있도록 도와준 기본적인 메커니즘입니다. 이와 같이, 감정은 인간의 진화 과정에서 중요한 역할을 해왔습니다.

이러한 진화론적 관점은 감정이 단순히 개인적인 경험에 국한되지 않고, 인간 종 전체의 생존과 번식 전략과 밀접하게 연관되어 있다는 것을 보여줍니다.

## (2) 후천적 감정 회로

후천적 감정 회로는 우리에게 내재된 심리학적 원리를 바탕으로 개인적인 경험과 지식에 의해 개발되고 가공되는 감정 회로입니다. 먼저 심리학적 근거에 대해 살펴보겠습니다. 이러한 심리학적 요인 중 발화 능력에 가장 큰 영향을 주는 것이 바로 트라우마와 스트레스에 의해 유발되는 부정적 감정입니다. 우리는 심리학적 근거를 통해 이러한 점들을 좀 더 탐색해보겠습니다.

## ● 감정의 심리학적 근거

검정을 심리학적 관점에서 보면, 감정은 우리의 생각과 경험에 대한 반응으로 정의됩니다. 이러한 반응은 완전히 무의식적입니다. 우리가 겪었던 생각과 경험이 특정한 상황에서 어떠한 감정을 겪을지, 사건 발생 전에 미리 결정해둔 것이기 때문입니다. 따라서 감정 발생은 완전히 결정론의 영역입니다.

예를 들어, 특정한 상황에서 느껴지는 두려움은 과거의 경험과 현재의 인식에 따라 그 상황에서 반복적으로 발생합니다. 이는 우리가 갖고 있던 기존의 정보에 따라 뇌가 정보를 해석하고, 그 해석에 따라 감정적 반응을 인과적으로 생성한다는 것을 의미합니다.

이러한 심리학적 원리에 근거할 때, 감정은 다음과 같은 두 가지의 과정을 거쳐 발현됩니다.

첫 번째는 무의식적 해석 과정입니다. 이것은 우리의 무의식이 외부 자극과 상황을 인과적으로 해석하는 과정으로, 우리의 경험, 가치관, 문화, 개인적 역량 등에 따라 다양한 감정이 유발될 수 있다는 것입니다. 따라서 감정은 사람이 가진 개별성과 특성에 따라 그 발현의 방향과 깊이가 상이합니다.

두 번째는 의식적 평가 과정입니다. 이 관점에서의 감정은 우리가 상황을 평가하고 중요성을 부여할 때 나타나며, 우리의 목표와 가치와의 일치 또는 불일

치에 따라 다양한 감정이 발현된다는 것입니다. 즉, 무언가를 의식적으로 더 중요하게 생각한다면 우리는 그것에 더 큰 부담감을 가질 것입니다. 만약 당신이 당당히 말하지 못한다면 체념하고 있거나 그것에 과도한 중요성을 부여한 상태여서 그럴지도 모릅니다.

## ● 개인적 경험과 트라우마

감정의 영향을 다룰 때 우리는 트라우마의 영향을 배제할 수 없습니다. 심리학적 근거에서 개인적 경험은 그 무엇보다도 우리 각자의 감정에 깊은 영향을 미칩니다. 우리가 과거에 겪은 사건들이 곧 현재의 우리가 느끼는 감정의 배경이 되기 때문입니다. 어린 시절 겪었던 긍정적인 경험은 우리에게 행복과 안정감을 주는 감정을 유발하겠지만. 반대로 부정적인 경험은 불안이나 슬픔과 같은 감정을 불러일으킬 것입니다.

트라우마는 특히 우리의 감정에 큰 영향을 미칩니다. 트라우마는 극도의 스트레스를 불러일으키는 과거의 불안한 경험을 의미하며, 이러한 경험은 우리의 감정적 반응에 깊은 흔적을 남깁니다. 예를 들어, 어린 시절 부모의 이혼을 겪은 사람은 성인이 되어서도 관계에 불안감을 느낄 수 있습니다. 이러한 트라우마는 우리가 특정 상황에 반응하는 방식을 형성하고, 때로는 우리의 사고와 판단을 제한합니다.

무엇보다 트라우마는 특히 우리의 자기 표현 능력에 심각한 영향을 미칩니다. 트라우마를 경험한 사람들은 자신의 감정과 생각을 표현하는 데 어려움을 겪을 가능성이 높습니다. 이는 트라우마가 우리의 사고와 판단력을 제한하고, 자신의 감정을 표현하는 데 필요한 자신감과 명료함을 저해하기 때문입니다.

이렇듯 과거의 경험은 현재 우리가 느끼는 감정을 형성하고, 이 감정은 다시 우리의 행동과 반응에 영향을 미칩니다. 결과적으로, 감정과 개인적 경험의 관계는 우리의 인식과 반응에 중요한 영향을 줍니다.

## 3. 감정의 종류에 따른 영향

### (1) 긍정적인 감정과 부정적인 감정

앞에서 살펴보았듯, 감정은 우리의 성공적인 자기 주장에 큰 영향을 미치는 중요한 요소입니다. 그렇기 때문에 감정이 우리의 의사소통과 자기 주장 능력에 미치는 영향을 이해하는 것은 우리의 일상생활과 대인 관계를 개선하는데 큰 도움이 될 것입니다. 하지만 여기서 말하는 감정은 우리가 느끼는 수많은 기분과 느낌들을 총괄적으로 지칭하는 것입니다. 우리는 감정에 대한 영향력을 좀 더 명확히 분석하기 위해 두려움이나 기쁨과 같은 다양한 종류의 감정들을 분류해야 합니다. 감정은 그 종류에 따라 서로 다른 영향력을 가지기 때문입니다. 따라서 좋은 영향을 주는 감정과 그렇지 않은 감정을 구분한다면 감정을 활용하는 것이 더 용이해질 것입니다.

따라서 우리는 감정을 명확하게 구분하고 분석해야 합니다. 감정은 크게 긍정적인 감정과 부정적인 감정으로 구분할 수 있습니다.

### ● 긍정적인 감정

기쁨, 행복, 사랑과 같은 감정은 우리의 삶을 밝게 만들고, 우리의 의사소통을 긍정적으로 변화시킵니다. 긍정적인 감정은 우리로 하여금 다른 사람들과 더 쉽게 교감하고, 생각과 아이디어를 더 자유롭게 표현하게 해줍니다.

친구와 즐거운 대화를 나누는 상황을 상상해 보십시오. 이런 상황에서 긍정적인 감정은 대화를 더욱 유쾌하고 풍부하게 만듭니다. 우리는 긍정적인 감정을 느낄 때 더 열린 마음으로 대화에 임하고, 우리의 생각과 감정을 더 쉽게 공유할 수 있습니다.

따라서 우리는 삶을 영위하는 데 있어 긍정적인 감정을 느끼는 순간을 더 많이 만들어야합니다. 왜냐하면 긍정적인 감정이 우리의 자기 주장 능력을 향상시켜줄 것이라는데 일말의 의심도 없기 때문입니다. 물론 애초에 도움이 되는 감정을 긍정적인 감정이라고 정의한 것이니, 긍정적인 감정이 도움이 된다는 명제는 필연적으로 참일 수밖에 없네요.

● 부정적인 감정

반면 일반적으로 통용되는 부정적인 감정은 우리의 의사소통과 자기 표현에 큰 장애가 됩니다. 분노와 슬픔과 같은 감정은 우리의 생각을 제한하고, 의사소통 능력을 떨어뜨립니다. 부정적인 감정은 우리가 자신의 생각과 느낌을 명확하게 표현하는 데 방해가 되며, 잘못된 의사소통을 유발합니다. 결과적으로 우리의 사고를 좁은 시야로 제한하며, 이는 우리가 상황을 객관적으로 평가하고 효과적으로 대응하는 데 방해가 됩니다.

부정적인 감정이 자기 표현 능력을 현저히 떨어뜨린다는 것은 매우 중요한 사실입니다. 따라서 전반적인 감정 균형과 건강한 자기 표현을 위해 우리는 부정적인 감정을 인지하고 적절히 표현하는 방법을 배워야 합니다.

## (2) 부정적인 감정이 자기 표현 능력을 감소시키는 원리

부정적인 감정은 자기 표현 능력에 나쁜 영향을 미치며, 이는 우리의 일상 생활과 대인 관계에 대한 만족도를 지속적으로 저하시킵니다. 따라서 우리는 부정적인 영향의 발생 원리를 파악해 대응할 필요가 있습니다.

이번 목차에서 우리는 부정적인 감정이 주는 원리에 대해 탐구해볼 것입니다. 앞서 언급한 감정의 후천적 발생 회로를 구성하는 심리학적 근거에 따라, 부정적인 감정이 자기 표현 능력을 감소시키는 원리는 다음과 같습니다.

### ┃ 인지적 자원의 감소

첫 번째로 부정적인 감정은 인지적 자원을 소모시킵니다. 두려움이나 불안과 같은 감정이 뇌의 주의력과 처리 능력을 점유하므로, 이는 사고와 의사결정 능력의 저하를 유발합니다. 컴퓨터가 여러 프로그램을 동시에 실행하면 컴퓨터의 속도가 느려지는 것과 같습니다. 이로 인한 두뇌 자원의 소모로 인해 중요한 순간에 명확하고 논리적인 자기 표현이 어려워집니다.

### ┃ 감정적 편향의 증가

부정적인 감정은 또한 감정적 편향을 증가시킵니다. 예를 들어 불안감은 부정적인 결과에 대한 과도한 집중을 유발하며, 이는 현실적이지 않은 부정적인 상황을 상상하게 만듭니다. 이러한 감정적 편향은 개인이 자신의 의견을 명확하고 균형 잡힌 방식으로 표현하는 것을 방해합니다.

## ▍ 공격성의 증가

부정적인 감정은 또한 공격성을 증가시킵니다. 이러한 감정들은 인내심을 감소시키고, 사람들이 자신의 생각과 느낌을 공격적으로 표현하도록 합니다. 분노나 좌절감은 공격적인 태도로 이어질 수 있으며, 이는 건설적인 대화나 토론을 어렵게 만듭니다.

## ▍ 자기 인식의 감소

마지막으로, 부정적인 감정은 자기 인식 수준을 저하시킵니다. 자기 인식의 감소는 논리적인 이성을 감정에 휩싸이게 해 자신의 진정한 의도나 목표를 간과하게 만듭니다. 이로 인해, 자신의 진짜 의도나 생각을 명확하게 표현하는 데 어려움을 겪게 될 것입니다.

## (3) 부정적인 감정 중에서도 가장 주의해야 할 감정

앞에서 언급한 바와 같이 대부분의 부정적인 감정은 우리 스스로의 자기 주장 능력을 현격히 떨어뜨립니다. 그러나 그 중에서도 일부의 부정적인 감정들은 자기 주장 능력을 더욱 감퇴시키고, 우리가 의견을 표현하는 것을 극도로 방해합니다. 그 감정들에게 지배받지 않으려면 그것들이 무엇이며, 어떠한 특성을 갖고 있는지 주의 깊게 인지해야 합니다. 그렇다면 먼저 그 감정들이 정확하게 무엇인지 살펴보겠습니다. 첫 번째는 바로 두려움입니다.

## ▍ 두려움

두려움은 우리가 위험을 느낄 때 자연스럽게 나타나는 감정입니다. 이는 우리를 주의 깊게 하고, 스스로를 보호하기 위해 발현됩니다. 그러나 두려움은 동시에 우리가 자신의 의견을 자유롭게 표현하는 것을 어렵게 만듭니다. 공개적인 발표나 타인과의 갈등에서 나타나는 두려움은 우리가 자신의 생각을 명확하게 전달하는 데 중대한 장애가 됩니다. 두려움이야말로 우리가 자기 주장을 펼치는 것을 방해하는 가장 큰 감정입니다.

## ▌ 수치심

부정적인 감정 중 특히 주의해야 할 두번째 감정은 바로 수치심입니다. 수치심은 우리가 자신의 행동이나 의견이 사회적 기준이나 기대에 부합하지 않을 때 느끼는 감정입니다. 우리는 스스로가 사회적 기준에 미달된다고 평가된다면, 자신의 존재를 부끄러워 하는 감정인 수치심을 느낍니다. 수치심은 우리가 자신의 의견을 자연스럽게 표현하는 것을 방해하고 우리의 자신감을 현저히 저하시킵니다. 또한 우리가 타인의 평가를 지나치게 의식하게 만들고, 자신의 진정한 생각과 감정을 숨기게 합니다.

두려움과 수치심은 그 어떠한 감정들보다도 우리의 자기 주장 능력에 큰 영향을 미치는 요인입니다. 이 감정들은 우리가 자신의 의견을 명확하고 자신 있게 표현하는 것을 어렵게 만들며, 의사결정 과정을 극도로 왜곡하고 변형시킵니다. 이러한 감정들은 우리가 자신의 생각과 느낌을 진실되게 표현하는 데 장애가 되며, 이는 대인 관계와 의사소통에 부정적인 영향을 미칩니다. 그러므로 우리는 이제, 자기 주장에 방해가 되는 핵심 감정인 두려움과 수치심에 대해 면밀히 살펴볼 것입니다.

## 02
## 수치심과 두려움

### 1. 수치심과 두려움이 자기 주장에 있어 가장 위험한 이유

### (1) 생존에 필요했던 핵심 감정

수치심과 두려움은 자기 주장에 방해가 되는 가장 위험한 감정입니다. 감정적 영역에서 수치심과 두려움은 다채로운 감정의 일부에 불과하지만, 원시 인류에게 이 두 가지 감정은 생존과 매우 긴밀하게 연관되어 있었습니다. 이러한 감정들이 고대의 인류를 사회적으로 배제되지 않도록 도왔으며, 포식자들로부터 살아남을 수 있게 작용했기 때문입니다. 하지만 원시 시대의 위험이 대부분 사라진 시점인 현대에서도 이 감정들이 잔존하며, 우리의 일상적인 생활을 극도로 방해합니다. 두려움과 수치심은 원시 인류에게 매우 유용하게 작용한 만큼, 현재에는 우리의 능력을 극단적으로 제한하는 부작용을 드러내고 있는 것입니다.

그렇게 현대 사회에서 수치심과 두려움은 우리의 자기 표현과 의사소통을 제한합니다. 두려움을 느낄 때 우리는 자신의 의견을 표현하는 것을 주저하게 되며, 이는 우리가 자신의 생각을 효과적으로 전달하는 데 필요한 자신감을 저하시킵니다.

이 감정들은 우리가 타인과 상호작용하는 방식에 영향을 미치며, 우리가 자신의 생각을 공유하는 것을 어렵게 만듭니다. 타인의 비판을 두려워하는 사람은 자신의 생각을 솔직하게 표현하는 것을 주저할 수밖에 없으니까요. 이는 우리가 타인과의 관계에서 자신의 진정한 생각과 감정을 표현하는 것에 방해 요인으로 작용됩니다.

## (2) 하지만, 유전자적 오류에 불과하다

앞서 언급했듯이, 우리의 감정은 원시 시대에 우리 선조들이 위험을 인식하고 적절히 대응하는 데 도움이 되도록 진화했습니다. 그러나 현대 사회에서 이러한 감정은 과거의 유용성을 잃고, 오히려 우리의 사고와 행동을 제한하는 요소가 됩니다. 오래된 소프트웨어가 새로운 컴퓨터 환경에서 제대로 작동하지 않는 것과 비슷합니다. 우리의 감정적 반응은 과거의 환경에 적합했지만, 현대 사회에서는 더 이상 적합하지 않습니다. 즉, 수치심과 두려움은 정말로 위험성이 내재된 상황에 대한 합리적인 반응이라기보다는 원시 시대의 심리 시스템이 오늘날에는 적용하지 않는 유전자적 오류에 불과하다는 것입니다.

현대 사회에서 수치심과 두려움은 우리가 정보를 처리하고 의사결정을 하는 방식에 부적절하게 영향을 미칩니다. 공개적으로 발표할 때 느끼는 두려움은 사실상 현대 사회에서 부적절한 과잉 반응입니다. 이러한 감정은 과거에 위험한 상황에서 우리의 생존을 도왔지만, 현대 사회에서는 우리가 정보를 효과적으로 전달하고 의견을 표현하는 데 방해가 됩니다.

## 2. 현대 사회에서 수치심의 발생할 때

그렇다면 현대 사회에서 수치심과 두려움은 어떠한 상황에서 발생하며, 그로 인한 우리의 반응은 어떻게 나타날까요? 먼저 수치심에 대해 자세히 살펴보겠습니다.

### (1) 수치심이 드는 상황

수치심은 사회적 상황에서 자주 발생하는 복잡한 감정으로, 우리의 자아 인식과 관계 맺기에 깊은 영향을 미칩니다. 이 장에서는 현대 사회에서 수치심을 유발하는 몇 가지의 일반적인 상황을 살펴보고자 합니다. 우리는 특정 반응을 일으키는 사례들을 학습함으로써 그 반응에 대해 더 잘 이해하고 대처할 수 있게 됩니다. 따라서 당연한 말이라고 느껴지더라도 아래의 사례들을 읽어보면 반드시 도움이 될 것입니다.

#### ▌ 사회적 실수나 오해

우리 모두는 사회적으로 어색하거나 부적절한 행동을 할 수 있습니다. 중요한 회의에서 잘못된 정보를 말하거나, 모임에서 농담을 잘못 이해하여 부적절한 반응을 유도한 것과 같이 말입니다. 이러한 사회적 실수나 오해는 우리가 타인의 시선을 의식하게 만들고, 수치심을 느끼게 할 수 있습니다.

## ▌ 비교와 경쟁

현대 사회는 자주 우리를 타인과 비교하게 만듭니다. 소셜 미디어에서 친구들의 성공적인 삶을 보며 자신의 삶을 비교하거나, 직장에서 동료의 성과와 자신의 성과를 비교하는 것이 그 경우입니다. 이러한 비교는 타인에 비해 초라한 삶을 살고 있는 자신에게 수치심을 주는 원인이 됩니다.

## ▌ 공개적인 비판이나 평가

공개적인 비판이나 평가도 수치심을 불러일으킬 수 있습니다. 예를 들어, 직장에서 상사에게 공개적으로 지적을 받거나, 학교에서 교사에게 과제에 대한 부정적인 평가를 받는 경우 등이 있습니다. 이러한 상황은 자존감에 영향을 미치고 수치심을 불러일으킵니다.

## ▌ 개인적 실패나 실망

개인적인 목표를 달성하지 못하거나 기대에 부응하지 못하는 경우에도 수치심이 생길 수 있습니다. 중요한 시험에서 낮은 점수를 받거나, 중요한 프로젝트를 성공적으로 완수하지 못하는 경우를 생각해 보십시오. 이러한 상황은 우리 자신에 대한 실망과 함께 수치심을 유발합니다.

## ▌ 사적인 정보 노출

여러분이 가진 비밀스러운 정보가 타인에게 노출될 때도 수치심을 느낄 수 있습니다. 예를 들어, 애인과의 대화가 외부에 유출되거나, 개인적인 과거 사진이 공개되는 경우가 있습니다. 이러한 상황은 우리의 사적인 영역이 침해당했다는 느낌과 함께 수치심을 유발할 수 있습니다.

## (2) 우리가 수치심을 느낄 때의 반응

이러한 상황들이 수치심을 유발할 때 우리의 반응은 다양하고 복잡하게 들어납니다. 수치심을 느낄 때 우리는 개별적인 성향에 따라 특정한 방식으로 반응하게 되는데, 이러한 반응들은 우리의 사회적 상호작용과 자기 인식에 중대한 영향을 미칩니다. 수치심을 느낄 때의 반응은 다음과 같이 드러납니다.

### ▌ 도피 반응

수치심을 느낄 때, 많은 사람들이 사회적 상황에서 도피하는 경향이 있습니다. 예를 들어, 회의에서 실수를 한 후에는 다음 회의에 참석하는 것을 주저하거나, 비판을 받은 후에는 피드백을 요청하지 않는 것과 같은 반응이 이에 해당합니다. 이러한 반응은 자신감의 상실과 자기 은폐의 형태로 나타날 수 있습니다.

### ▌ 자기 비난과 자책

수치심은 자기 비난과 자책의 감정을 불러일으키기도 합니다. 우리는 자신의 행동을 과도하게 비판하고, 자신을 탓하기 시작할 수 있습니다. 예를 들어, 실패한 프로젝트에 대해 "나는 충분히 노력하지 않았다" 또는 "나는 항상 실패한다"와 같은 부정적인 자기 대화를 할 수 있습니다. 이러한 자기 비난은 우리의 자존감을 더욱 손상시킵니다.


## ▌ 방어적 태도

수치심은 방어적인 태도로도 이어질 수 있습니다. 이는 자신을 보호하기 위한 일종의 방어 메커니즘이며, 타인의 의견이나 비판에 과민하게 반응하는 형태로 나타납니다. 예를 들어, 공개적으로 비판받은 후에는 타인의 의견에 대해 방어적으로 반응하거나 비판을 거부하는 태도를 보일 것입니다.

## ▌ 사회적 고립

장기적으로 수치심은 사회적 고립을 초래하기도 합니다. 지속적으로 수치심을 느끼는 사람들은 타인과의 관계를 멀리하고, 사회적 상황을 피하려는 경향이 있기 때문입니다. 이는 관계의 질을 저하시키고, 사회적 지지 체계를 약화시킵니다.

## ▌ 감정적 무력감

끝으로, 수치심은 감정적 무력감을 초래할 수 있습니다. 이는 우리가 자신의 감정을 제어할 수 없다고 느끼는 상태로, 이 상태에서 우리는 자신의 행동이나 상황에 대한 통제력 상실감을 느낄 것입니다. 이러한 무력감은 우리의 일상 생활과 의사결정에 부정적인 영향을 미칩니다.


이러한 반응들은 수치심이 우리의 사고와 행동에 미치는 복잡한 영향을 보여줍니다. 수치심은 단순한 감정이 가지는 영향력 이상으로, 우리의 의사소통,

자기 인식, 그리고 사회적 관계에 깊은 영향을 미칩니다.

## 3. 현대 사회에서 두려움이 발생할 때

### (1) 두려움이 드는 상황

두려움 또한 수치심 만큼이나 우리에게 부정적인 영향을 줍니다. 두려움은 우리 삶의 여러 면에서 발생할 수 있는 근본적인 감정으로, 우리의 의사결정과 자기 표현에 큰 영향을 미칩니다. 우리는 이 장에서 두려움이 어떠한 상황에서 발생하는지, 두려움에 대한 우리의 반응은 어떻게 나타나는지 배울 것입니다.

**▎ 공개적인 발표나 연설**

많은 사람들이 공개적으로 발표하거나 연설하는 것에 대한 두려움을 경험합니다. 이는 무대 공포증으로도 알려져 있으며, 자신의 생각을 대중 앞에서 표현해야 할 때 발생합니다. 이러한 상황은 두려움을 느끼는 대상에게 타인의 평가에 대해 과도하게 걱정하게 만들고, 심리적 압박을 느끼게 합니다.

**▎ 중요한 의사결정**

중요한 의사결정을 내려야 할 때도 두려움을 느낄 수 있습니다. 중요한 의사결정은 필연적으로 손실을 전제합니다. 직업의 변경이나 중대한 투자 결정과 같은 상황은 불확실성과 잠재적인 실패에 대한 두려움을 유발합니다. 이러한 상황들은 우리에게 큰 스트레스와 불안을 초래합니다.

사회적 상황 또한 우리에게 두려움을 유발할 수 있습니다. 특히 새로운 사람들과의 만남은 두려움을 유발하는 가장 큰 요인입니다. 이는 사회적 불안으로 나타나며, 타인과의 상호작용에서 거부당할지도 모른다는 걱정에서 비롯됩니다.

▌변화와 미래에 대한 두려움

변화 또한 두려움을 유발합니다. 새로운 환경이나 직장에서의 관계 변화는 당연하게도 미래에 대한 불확실성과 두려움을 가져옵니다. 이러한 변화는 우리의 일상적인 안정감을 위협하고, 새로운 상황에 적응해야 한다는 압박감을 줍니다.

▌실패 또는 거부에 대한 두려움

실패나 거부에 대한 두려움도 흔히 겪는 상황입니다. 새로운 프로젝트나 아이디어를 제안할 때, 실패하거나 거부당할 수 있다는 생각에 두려움을 느낄 수 있습니다. 이러한 두려움은 자신감을 저하시키고, 기회를 포착하거나 새로운 도전을 시도하는 것을 어렵게 만듭니다.

## (2) 우리가 두려움을 느낄 때의 반응

이제 위와 같이 두려움이 촉발되는 상황에서 우리가 어떠한 반응을 보이는지 알아보겠습니다.

## ▌도피와 거절

두려움을 느낄 때, 우리는 두려운 상황을 피하려고 합니다. 많은 대중들 앞에서 말하는 것을 두려워하는 사람은 공개 발표를 회피하려 할 것입니다. 이러한 도피 행위는 단기적으로는 두려움으로 인한 불안감을 감소시킬 수 있지만, 장기적으로는 자신감이나 기회의 손실을 초래합니다.

## ▌과도한 걱정과 불안

두려움은 또한 과도한 걱정과 불안을 유발하기도 합니다. 누구나 한 번은 중대한 의사결정을 앞두고 불확실한 미래에 대해 지나치게 걱정한 적이 있을 것입니다. 이러한 걱정은 우리의 정신적 만족을 저해하고, 의사결정을 어렵게 만들 것 입니다.

## ▌방어적 태도

또한 두려움을 느낄 때, 우리는 방어적인 태도를 취할 수 있습니다. 이는 자신을 보호하려는 본능적인 반응으로, 타인과의 상호작용에서 공격적이거나 방어적으로 행동할 수 있습니다. 예를 들면, 비판을 받았을 때 공격적으로 대응하는 경우가 이에 해당합니다.

## ▌과잉 대응

마지막으로, 두려움은 우리가 상황에 과잉 대응하게 만들 수 있습니다. 예를 들어, 두려움을 느끼는 상황에서 우리는 문제를 과장하거나, 비합리적인 과장된 결정을 내릴 수 있습니다. 이러한 과잉 대응은 우리의 감정적 안정과 합리적 판단을 방해합니다.

이러한 반응들은 두려움이 우리의 사고와 행동에 미치는 복잡한 영향을 보여 줍니다. 두려움이 주는 이러한 부정적인 영향 때문에. 두려움이 사고와 의사소통에 미치는 영향을 깊이 있게 이해하려고 노력해야 합니다. 두려움이 우리의 자기 표현에 어떤 영향을 미치는지를 이해함으로써, 우리는 두려움의 복잡한 영향력을 더 잘 이해할 수 있기 때문입니다.

하지만 수치심과 두려움이 촉발하는 다양한 반응들은 일차적인 문제입니다. 앞에서 열거한 반응들은 새로운 문제를 파생시킵니다. 우리는 좀 더 깊은 영역에서 수치심과 두려움으로 인해 생기는 핵심적인 문제를 살펴볼 필요가 있습니다. 그 문제는 바로 수치심과 두려움이 신체적 해리 현상을 발생시킨다는 것입니다.

## 03
## 신체적 해리 현상

### 1. 우리는 해리를 통해 부정적 감정을 회피한다

인간의 정신은 취약합니다. 그래서 한계를 넘은 충격을 받으면 굉장히 괴로워합니다. 따라서 인간은 큰 충격을 받아 그 괴로움의 정도가 정신이 감당할 수 있는 한계치를 초과할 때 정신과 육체를 분리하는 일종의 회피 매커니즘을 내장해두었습니다. 그것이 바로 해리 현상입니다. 얼핏보면 해리 현상이 유용한 매커니즘처럼 느껴질 수 있지만 모든 반응체가 예상하지 못한 부작용을 초래하듯, 해리 현상에도 부작용이 있습니다. 바로 신체를 정신과 분리하기에 감정을 인식하는 능력이 떨어질 뿐 아니라 부정적인 감정을 수용하지 못하고 반복적으로 도피하는 상황이 반복될 수 있다는 것이지요.

이 상태가 일반적인 경우가 되어 지속적으로 반복된다면 곤란해집니다. 앞서 말했듯 우리의 능력과 자신감을 현격히 떨어뜨리니까요. 따라서 우리는 해리 현상을 인지하고, 그것을 극복할 필요가 있습니다.

해리 현상은 일반적으로 정신의학적인 질병으로 분류되고 있어 막연히 생각하면 우리와 동떨어진 개념처럼 느껴질 수 있지만, 대부분 우리는 부정적인 감정을 겪을 때 대체로 해리현상을 같이 경험합니다. 다만 그 정도가 다를 뿐이지요. 해리 현상을 자세히 파악함으로서 우리가 타인 앞에서 말하지 못하게 만드는 본질적인 신체의 반응을 인식할 수 있게 됩니다.

그럼, 해리 현상이 무엇인지 좀 더 자세히 알아보겠습니다.

## 해리 현상이란

해리 현상은 심리학에서 신체적, 감정적, 인지적 경험들이 서로 분리되는 현상을 말합니다. 이는 우리가 경험하는 감정이나 기억, 심지어는 신체 감각조차도 현재의 의식에서 분리되어, 마치 다른 사람의 일처럼 느껴지게 만드는 심리적 현상입니다.

해리 현상은 우리의 뇌가 감당하기 어려운, 감정적 부담을 경감시키기 위해 실제 경험과 그로 인한 감정을 분리시키는 과정을 뜻합니다. 컴퓨터가 과부하 상태에서 특정 기능을 일시적으로 중단시키는 것처럼 말이죠. 이처럼 뇌는 감정적으로 과부하가 걸린 상태에서 자신을 보호하기 위해 현실에서 발생하는 일을 실제로 경험하지 않는 것처럼 행동합니다. 그렇기 때문에 사람은 극도의 스트레스나 트라우마를 경험할 때, 그 순간을 현실로 인식하지 못하고 자신과 결부되지 않은 제 3자의 일처럼 느낄 수도 있습니다. 이렇게 해리는 심리적으로 견디기 힘든 상황에서 자신을 보호하기 위해 작동합니다.

해리 현상은 특히 부정적인 감정을 경험할 때 두드러지게 나타납니다. 슬픔이나 두려움, 수치심 같은 강렬한 감정을 느낄 때, 우리의 마음은 그 감정으로부터 스스로를 보호하기 위해 해리 현상을 일으키는 경향이 있습니다.

하지만 해리 현상은 부정적인 감정이나 스트레스로부터 일시적인 안식을 제공하기도 합니다. 이는 우리가 견디기 힘든 감정적 압박에서 잠시 벗어나게 해주며, 정신적으로 회복하는 시간을 제공합니다.

그러나 이러한 이점은 해리 현상의 작용을 단기적인 관점에서 분석한 것에 불과합니다. 그러한 벗어남은 그저 도피에 해당합니다. 장기적인 관점에서 해리 현상은 우리의 정신 건강에 부정적인 영향을 미칩니다. 이는 해리 현상이 현실과의 연결감 상실과 정서적 무감각을 초래하기 때문입니다. 따라서 우리는 정신적 건강과 행복한 삶을 위해, 해리 현상에 따라 발생하는 반응들을 주의 깊게 관찰하고 이해해야 합니다. 그럼 해리 현상이 정확히 어떠한 문제점을 야기하며, 그러한 자극에서 우리는 어떻게 반응하는지 살펴보겠습니다.


## 2. 해리 현상의 문제점


### (1) 감정 인식 수준 저하

해리 현상은 우리의 감정 인식 수준을 극도로 저하시킵니다. 해리 현상이 일어나면, 우리는 자신의 감정을 제대로 인식하고 처리하는 데 어려움을 겪습니다. 이는 우리의 감정적 경험과 자기 인식 사이에 단절을 일으킵니다.

해리 현상은 우리가 감정을 완전한 형태로 경험하는 것을 방해하며, 이 때문에 우리는 자신이 느끼는 감정을 완전히 인식하고 이해하는 데 어려움을 겪습니다. 이 때문에 심각한 스트레스나 트라우마를 경험한 사람은 그 순간 자신이 느끼는 두려움이나 슬픔을 오히려 자신과 상관없는 것으로 치부할 것입니다. 이러한 해리는 감정을 온전히 경험하지 못하게 함으로써 정서적으로 건강한 반응을 억제합니다.

또한 해리 현상은 심리적으로 견딜 수 없는 감정적 압박을 경감시키는 방어 기제로 작동합니다. 감정이나 기억을 의식에서 분리시킴으로써, 우리는 일시적으로 그 감정으로부터 벗어날 수 있습니다. 그러나 이러한 분리는 결국 우리가 감정을 제대로 처리하고 이해하는 데 필수적인 자기 인식을 방해합니다.

감정적 처리는 우리의 정신적 건강에 매우 중요합니다. 감정을 인식하고 이해하는 능력은 자기 인식의 핵심 요소이며, 이는 우리가 스스로에 대해 더 잘 이해하고 성장하는 데 도움을 줍니다. 해리 현상이 발생하면, 우리는 이러한 감정적 처리 과정을 완전히 경험하지 못하게 되어 자기 인식과 감정적 성장력이 심각하게 저해됩니다.

장기적인 해리 현상은 우리의 감정 인식과 자기 인식에 부정적인 영향을 미칠 수 있습니다. 감정을 제대로 인식하고 처리하지 못하면 우리는 자신의 내면 세계와 연결을 잃게 되며, 해리는 이러한 특성으로 인해 우리의 정서적 무감각과 관계 문제를 야기합니다,

## (2) 현실 인식과 자기 인식 능력 저하

해리 현상의 또 다른 문제 중 하나는 현실 인식과 자기 인지에 미치는 영향입니다. 이 현상은 우리가 현재의 상황을 올바르게 인식하고, 자신의 감정 생각

을 이해하는 데 장애를 일으킵니다.

먼저, 해리 현상은 현실에 대한 인식을 흐리게 만듭니다. 이는 현실과 분리된 것처럼 느끼게 하는 해리 현상의 특성상 특성상 필연적으로 발생하는 문제입니다. 이러한 상황에서는 주변 환경의 세부사항을 명확하게 인식하기 어렵고, 이로 인해 현실과의 연결감이 약해집니다.

해리 현상은 또한 자기 인지 능력, 즉 자신의 감정과 생각을 이해하는 능력을 저하시킵니다. 해리 상태에서는 자신이 느끼는 감정이나 생각을 정확하게 파악하기 어려우며, 이는 자신에 대한 이해와 자기 인식에 부정적인 영향을 미칩니다. 자기 인식 능력이 감소하기 때문에 해리 현상을 겪는 사람들은 자신이 느끼는 불안이나 스트레스의 원인을 명확히 이해하지 못하는 경향이 있습니다.

또한 해리 현상은 감정을 인식하는 수준뿐만 아니라 우리가 감정을 수용하는 능력을 지칭하는 감정 수용력도 고갈시킵니다. 이러한 상황에서는 자신이 경험하는 감정의 범위가 제한됩니다.

감정의 경험 범위가 제한되면 어떠한 문제가 발생할까요? 감정을 제대로 경험하고 이해하지 못하는 경험 범위가 제한되어 있는 사람은 특정한 감정이 갖는 기능을 인지적인 영역에서 완전히 무시합니다. 이는 우리의 정서적 반응이 제한되고, 감정적 경험의 폭이 좁아진다는 것을 의미합니다. 예를 들면 기쁨과 감동을 느끼고 타인과 감정을 상호작용해야 하는 상황에서 마땅히 지켜야 할 사회적 의무를 이행하지 않는 것입니다.

이와 같이 감정을 느끼는 능력이 저하되어, 감정적으로 무디어지는 상태를 뜻하는 감정적 무감각은 위험합니다. 감정적 무감각이 발생할 때 개인적 문제에 국한되었던 해리 현상의 문제점은 사회로 확장하기 시작합니다. 이로 인해 사람들은 자신의 감정을 제대로 인식하거나 표현하는 데 어려움을 겪을 뿐만 아니라 타인과 관계를 맺고 정상적인 사회 생활을 영위하는 것에도 어려움을 겪게 됩니다. 이러한 상태가 지속적으로 이어지는 것은 위험합니다. 그동안 쌓아올려온 관계가 파괴되거나 새로운 관계를 맺는 것이 상당히 어려워지기 때문입니다. 또한 관계의 악화는 다시 해리 현상의 심화로 이어져 문제의 연쇄를 초래할 수도 있습니다.

마지막으로, 해리 현상의 중요한 문제점 중 하나는 부정적 감정이 증폭된다는 것입니다. 해리 현상은 우리가 현재 경험하고 있는 감정에서 자신을 분리시키려는 심리적 반응입니다. 상술했듯이, 감정으로부터의 분리는 인식력과 수용력을 저하시키죠. 그리고 우리가 실제로 느끼는 감정의 강도와 중요성을 인식하지 못할 때에는, 그 감정을 충분히 처리하지 못할 것입니다. 즉, 감정을 인식하고 수용하는 능력은 곧 감정 처리 능력의 상실을 의미합니다.

도대체 감정 처리 능력이 상실된다는 것은 무엇을 의미할까요? 그것은 발생한 감정이 통제되지 않고 마음대로 증폭되거나 소멸할 수 있다는 것입니다. 이 경우, 부정적인 감정이 소멸되면 다행이지만, 인간은 기본적으로 부정적인 감정에 더 많은 에너지를 쏟는 경향이 있어 일반적으로는 부정적인 감정이 확대되는 방향으로 감정이 변화합니다. 따라서 대부분의 해리 현상의 경우에도 부정적인 감정을 오히려 증폭시키는 방향으로 부작용이 나타나는 것입니다.

즉, 감정의 인식력과 수용력을 고갈시켜 감정적 무감각을 초래하는 해리 현상이 우리가 느끼는 부정적 감정을 증폭시키는 또 다른 문제를 야기할 수 있습니다.

특히 불안감과 관련하여, 해리 현상은 이 감정을 더욱 증폭시킵니다. 해리 현상은 불안감을 경험할 때 자주 발생하기 때문이죠. 이는 우리가 불안의 원인을 명확하게 이해하고 대처하는 데 어려움을 겪게 합니다. 그러므로 다양한 감정 중에선 특히 불안감을 느끼는 상황에서 해리 현상을 경험하면, 우리는 그 불안감의 근본 원인을 인식하지 못하고 불안감을 더욱 심화시킬 수 있습니다.

## 3. 해리 현상이 자기 주장에 미치는 영향

해리 현상은 그렇다면 우리의 자기 주장 능력에 어떠한 영향을 끼칠까요? 자기 주장은 우리의 감정과 생각을 명확하고 자신감 있게 표현하는 능력과 밀접하게 연결되어 있습니다. 그러므로 우리가 자신의 감정과 경험을 인식하고 처리하는 능력을 저해하는 해리 현상이 발생하면, 자기 인식의 약화로 인해 자기 표현 능력 또한 저하될 것입니다. 또한 자기 표현 능력의 저하는 의사소통에서의 명료성과 진정성의 결여로 이어질 수 있음을 의미합니다. 이것은 대화와 자기 주장의 영역에서 해리 현상의 발생이 자기 주장 능력을 현저히 저하시킨다는 것을 의미합니다.

자기 주장은 우리의 감정과 경험에 대한 이해와 연결에서 비롯됩니다. 해리 현상은 이러한 감정적 연결을 방해하므로, 우리가 자신의 감정과 경험을 명확하고 진솔하게 타인에게 전달하는 데 어려움을 겪게 합니다. 이는 우리가 타인과의 관계에서 진정으로 자신을 표현하고, 의미 있는 방식으로 소통하는 데 방해가 될 수 있습니다. 우리가 자신의 감정과 경험을 인식하고 표현하는 과정에서 혼란과 갈등을 유발할 수 있습니다. 자신의 감정을 제대로 인식하지 못하거나, 자신의 경험을 왜곡하게 인식하는 경우, 이는 자신의 생각과 느낌을 명확하게 표현하는 데 어려움을 초래할 수 있습니다. 이는 자기 주장의 능력을 저하시키며, 타인과의 의사소통에서 오해와 갈등의 원인이 될 수 있습니다.

결정적으로 신체적 해리 현상은 사고의 오류와 직접적인 관련이 있습니다. 해리 현상을 경험하는 사람들은 현실을 왜곡된 방식으로 인식하고 처리하며, 이는 곧 사고의 오류를 촉진합니다. 감정적으로 과도하게 반응하는 상태에서는 사물을 객관적으로 판단하기 어렵고, 논리적 사고를 방해하여 오류를 일으킬 수 있기 때문입니다. 이것은 큰 문제가 됩니다. 정확한 사고로부터 합리적인 자기 주장이 시작되기 때문입니다. 따라서 우리는 앞 장에서 학습한 감정 인식 능력에 대한 이해를 바탕으로 사고의 오류가 어떠한 방식으로 발생하는지 살펴볼 것입니다.

## 04
## 감정에 의해 왜곡되는 사고의 오류

### 1. 사고의 오류란

이 장에서는 '사고의 오류'라는 개념에 대해 살펴보고자 합니다. 사고의 오류는 우리의 판단과 결정 과정에서 발생하는 일련의 비논리적 혹은 비합리적 패턴을 의미합니다. 이러한 오류는 감정, 특히 신체적 해리 현상과 밀접하게 연결되어 있으며, 우리의 의사결정과 사고방식에 중대한 영향을 미칩니다.

### (1) 사고의 오류란 무엇인가

사고의 오류는 잘못된 추론과 편향된 판단에 기반하여 비합리적인 결론을 내리는 것입니다. 무의식적으로 발생하는 사고의 오류는 굉장히 다양한 형태로 나타납니다. 그러므로 사고의 오류는 일반적으로 그것의 존재를 정의하기 전까지는 알아차리기 어렵습니다. 자신에게 유리한 정보만 선택적으로 인지하는 '확증 편향'을 모른다면, 높은 수준의 자기 인식 능력이 있는 사람이 아닌 한,

자신이 그러한 편향을 갖고 있다는 것을 눈치채지 못할 것입니다. 다행히 수많은 시행착오에 의해서, 일반적으로 발생하는 사고의 오류들이 정리되어 있습니다. 따라서 다음과 같은 사고의 오류를 미리 숙지한다면 오류를 인식하고 개선하는데 큰 도움을 될 것입니다.

## ▎이분법적 사고 (Black-or-White Thinking)

모든 것을 극단적인 좋음 또는 나쁨, 성공 또는 실패로만 보는 사고 방식입니다. 확률적 사고와 통합적 사고에 대한 이해가 부족한 사람에게 쉽게 발생합니다.

## ▎성급한 일반화 (Overgeneralization)

한 사례에 근거해 모든 상황에 대한 일반적인 결론을 내리는 오류입니다. .

## ▎개인화 (Personalization)

외부 사건을 자신의 탓으로 돌리는 경향입니다. 낮은 자존감이나 죄책감으로 인해 발생합니다.

## ▎감정적 추론 (Emotional Reasoning)

자신이 느끼는 감정을 사실로 받아들이는 오류입니다. 예를 들어, 두려움을 느낀다면 그 상황이 반드시 위험하다고 여기는 것입니다.

## ▎여과 (Filtering)

자신이 가진 프레임에 맞는 세부사항에만 초점을 맞추고 다른 측면은 모두 무시하는 오류입니다. 다른 편향들과 달리 긍정적인 감정에서도 쉽게 발생합니다.

## ▌파국 편향 (Catastrophizing)

최악의 상황을 상상하거나 작은 문제를 과장하여 재앙처럼 여기는 오류입니다. 보통 손실과 위험에 대한 두려움으로부터 발생합니다.

## ▌긍정 격하 (Disqualifying the Positive)

긍정적인 경험을 무시하거나 그 가치를 축소하는 경향을 뜻합니다. 보통 낮은 자존감과 현실 인식에서 발생합니다.

이러한 사고의 오류는 대부분 감정적 반응과 긴밀하게 연관되어 있으며, 우리의 의사결정과 사고 과정에 필연적인 질적 하락을 야기합니다. 우리는 사고의 오류의 종류를 분석하고 그것이 우리의 판단과 결정 과정에 어떻게 영향을 미치는지 이해함으로써, 우리는 더 합리적이고 논리적인 결정을 내릴 수 있습니다.

## (2) 사고의 오류가 발생하는 이유

위와 같은 사고의 오류가 발생하는 이유는 무엇일까요? 우리는 오류가 발생하는 이유를 이해함으로써 이에 더 기민하게 대처할 수 있습니다. 따라서 오류가 발생하는 이유를 탐구해볼 것입니다.

가장 먼저, 사고의 오류가 발생하는 가장 중요한 원인은 바로 감정의 영향입니다. 특히나 극단적인 감정 상태는 논리적 사고의 과정을 심각한 수준으로 방해하며, 우리의 판단을 극도로 왜곡시킵니다. 이러한 감정 상태에서는 논리보다 감정에 더 의존하게 되어 비합리적인 결론에 도달하기 쉽습니다.

또한 이러한 감정적 불균형으로 인해 발생하는 신체적 해리 현상도 사고의 오류에 기여합니다. 해리 현상은 현실 인식을 왜곡시키며, 이는 객관적인 사고를 방해하고 왜곡된 판단이나 추론으로 이어지기 때문입니다.

이러한 오류는 결국 인지적 편향으로 이어집니다. 우리의 뇌는 정보를 처리하고 판단을 내릴 때 더 효율적인 사고를 위해 인지적 지름길에 의존하는 경향이 있습니다. 인지적 지름길은 특정한 반응이 특정한 행위로부터 발생했을 것이라고 무조건적으로 인지하는 경향을 말합니다. 이러한 편향들은 사고를 왜곡시키고, 객관적이고 합리적인 결정을 내리는 데 방해가 됩니다. 예를 들어, 우리가 자신의 믿음을 뒷받침하는 정보만을 선택적으로 찾고 해석하는 경향을 나타내는 확증 편향은 사고 과정에서 중요한 정보를 놓치거나 잘못 해석하게 만들어 오류를 발생시킵니다.

또한 사회적 영향과 압력도 사고의 오류를 발생시킵니다. 우리는 종종 타인의 의견이나 사회적 기대에 영향을 받아 결정을 내리게 됩니다. 이러한 사회적 요인은 개인의 객관적 사고를 방해하고, 때로는 사회적 규범이나 대중의 의견에 따라 비합리적인 결정을 내리게 만듭니다. 예를 들어, 개인이 집단의 의견에 동조하여 비판적 사고를 포기하게 만드는 현상인 집단적 사고가 이에 해당합니다.

이처럼 감정, 신체적 해리 현상, 인지적 편향 그리고 사회적 영향은 모두 우리의 사고 과정에 영향을 미치며, 비합리적이거나 비논리적인 결론을 도출시킵니다. 이러한 사고의 오류를 이해하고 인식하는 것이 더 명료하고 합리적인 사고를 위한 첫걸음이 될 것입니다. 이를 통해 우리는 자신의 사고 과정을 더 잘 관리하고, 더 효과적인 의사결정을 내릴 수 있게 됩니다.

## (3) 사고 오류가 자기 주장에 끼치는 부정적 영향

자기 주장은 우리가 자신의 의견과 생각을 표현하는 중요한 자기 표현 과정입니다. 하지만 사고의 오류가 이 과정을 훼손시킵니다. 사고의 오류는 주장과 근거를 비합리적이고 편향된 방향으로 이끌며 자기 주장의 명료성과 타당성을 해칩니다. 이러한 요인들은 모두 우리가 타인과 효과적으로 소통하는 데 방해가 되는 요인들입니다. 자신의 감정을 사실로 여기며 논리적 근거를 무시하는 주장은 타인을 설득하기 어려울 수 밖에 없기 때문입니다. 이 목차에서 우리는 사고의 오류가 자기 주장에 끼지는 영향들을 탐구할 것입니다. 그럼으로써 자기 주장에서 사고의 오류가 개입하는 것을 최소화하기 위한 논의를 진행할 것입니다.

### ▎ 비합리적인 주장의 형성

첫 번째로 감정에 기반한 사고 오류는 비합리적인 주장을 발화하게 합니다. 예를 들어, 정서를 기반으로 도출한 추론은 우리가 자신의 감정을 사실로 여기고 그에 기반한 주장을 형성하게 합니다. 이는 객관적인 사실이나 논리적 근거를 무시하게 만들며, 주장의 신뢰성을 약화시킵니다.

### ▎ 극단적인 결론의 도출

사고의 오류로 인해 중도의 가능성을 배제한 극단적인 결론이 도출되기도 합니다. 예를 들어, 모든 상황에 대한 결론을 양 단의 선택지만으로 제한하는 이

분법적 사고 오류는 현실과 동떨어진 극단적인 주장을 하게 만들며, 이는 의사소통 과정에서 타인과의 갈등을 증폭시킵니다.

## ▎ 일반화된 오류의 확산

과장된 일반화는 한 사례를 기반으로 모든 상황을 일반화하는 오류로, 이는 자기 주장을 편향되고 근거 없는 방향으로 이끕니다. 이는 특히 타인과의 상호작용에서 오해와 갈등의 원인이 될 수 있습니다.

## ▎ 개인화에 의한 비현실적인 주장

개인화 오류는 외부 사건을 자신과 관련된 것으로 잘못 해석하게 합니다. 이는 자기 주장이 지나치게 자기 중심적이 되게 하며, 다른 사람들의 관점이나 상황을 충분히 고려하지 못하게 합니다. 그럼으로써, 피해 의식과 비대화된 자아가 자신의 행위와 사고를 결정하게 만듭니다.

이러한 사고의 오류들은 우리의 의사소통과 대인 관계에서 중요한 영향을 미칩니다. 효과적인 자기 주장을 위해서는 이러한 오류들을 인식하고, 가능한 한 객관적이고 균형 잡힌 방식으로 생각하고 의사소통하는 것이 중요합니다.

# 02 PART

## 자기를 깨고
## 나오는 법

1장에서는 우리가 말하지 못하게 되는 원인들을 탐구하고 분석했습니다. 2장에서는 그 원인들을 효과적으로 해결할 방법들을 제시할 것입니다.

우리는 1장에서 문제를 정의할 때, 처음에 감정에 의한 문제를 드러내고 이어서 수치심과 두려움에 대해서 자세히 배웠습니다. 그 후에는 신체적 해리 현상의 발생 원리와 부정적 영향에 대해서 학습했습니다. 그리고 마지막으로 사고의 오류에 대해서 배웠죠.

하지만 해결 과정은 1장에서 문제를 드러낸 순서와 반대로 진행할 것입니다. 왜냐하면 감정은 매우 민감한 부분이므로 감정적 문제의 핵심에 접근하려 할 때 의도하지 않은 불안과 내적 파괴를 경험할 수 있기 때문입니다. 이러한 이유로 문제의 근원인 감정적 불균형부터 해결하는 것은 상당히 어려운 방법입니다. 따라서 우리는 1장에서 제일 마지막에 지적했던 사고의 오류를 개선하는 방법을 배우면서 해결 과정을 진행할 것입니다.

## 01
## 사고의 오류 제거하기

앞서 언급한 바와 같이 우리의 사고 방식은 잘못된 가정이나 편견에 의한 오류를 범할 수 있습니다. 이 장에서는 이러한 사고의 오류를 어떻게 식별하고 수정할 수 있는지에 대해 탐구할 것입니다.

우리는 먼저 오류를 유발시키는 인지적 편향을 극복하고, 논리적 사고와 비판적 사고를 개발하는 방법에 대해 배울 것입니다.

### 1. 인지 편향 극복하기

### (1) 인지 편향이란

인지 편향은 우리가 정보를 처리하고 결정을 내릴 때 발생하는 무의식적인 오류나 왜곡입니다. 이는 사람들이 정보를 수집하고 해석하며 결정을 내릴 때 나타나는 일련의 경향성이나 패턴을 말합니다. 인지 편향은 개인의 경험이나 기대 또는 사회적 환경에 의해 영향을 받으며, 종합적으로 객관적인 판단을 왜곡시키는 주요 원인이 됩니다.

인지 편향에는 다양한 형태가 있으며, 이들은 우리가 세상을 인식하고 대응하는 방식에 큰 영향을 미칩니다. 이러한 오류들을 우리는 1장에서 배웠었죠. 이러한 편향은 의사결정 과정에서 오류를 일으킬 수 있고, 편협한 사고나 잘못된 판단으로 이어질 수 있기 때문에 항상 주의해야 합니다.

인지 편향을 극복하기 위해서는 먼저 이러한 편향이 존재한다는 것을 인식하는 것이 중요합니다. 그 후에는 다양한 관점과 정보를 탐색하고, 비판적 사고를 활용하여 자신의 판단과 결정을 면밀히 검토하는 것이 필요합니다. 이를 통해 좀 더 객관적이고 균형 잡힌 결정을 내릴 수 있게 됩니다.

## (2) 인지편향 극복 방안

편향은 의사결정 과정에 오류를 발생시키므로, 이를 인식하고 극복하는 것이 중요합니다. 인지편향을 극복하면 여러분의 의사결정과 판단 능력을 대폭 향상될 것입니다. 따라서 인지 편향 극복을 위한 방법을 살펴보겠습니다.

먼저, 인지편향을 극복하기 위한 첫 번째 단계는 자신의 사고 과정에 대해 자각하는 것입니다. 사고 과정을 자각하는 것은 매우 중요합니다. 이는 본인이 특정 상황에서 어떤 편향에 빠질 수 있는지를 인식하고, 이를 의식적으로 인지하는 것을 의미합니다. 이러한 자각은 자신의 생각과 판단이 어떻게 형성되는지 이해하는 데 도움이 되며, 이를 통해 더 합리적이고 객관적인 결정을 내릴 수 있습니다.

두 번째는 다양한 관점을 탐색하는 것입니다. 자신의 의견과 다른 의견에 노출되는 것은 개인의 사고의 폭을 넓히고, 다양한 관점을 이해하는 데 도움이 됩니다. 다양한 관점을 탐색하고 이를 이해하려는 노력은 사고의 유연성을 증진시키며, 이는 더 균형 잡힌 의사결정을 가능하게 합니다.

세 번째로는 비판적 사고를 연습해야합니다. 정보를 수용할 때에 그것이 사실인지, 어떤 가정이 깔려 있는지, 다른 관점은 무엇인지를 자문해보며 비판적으로 생각하는 습관을 기르는 것이 비판적 사고의 핵심 과정입니다. 이는 받아들인 정보에 대해 질문하고, 그것을 다양한 각도에서 평가하는 것을 의미합니다. 비판적 사고를 통해 개인은 정보를 더 깊이 있고 다각도로 분석할 수 있으며, 이는 보다 정확하고 합리적인 결정을 내리는 데 도움이 됩니다.

네 번째는 자신이 어떤 기준이나 편향에 의존하고 있는지를 스스로에게 질문하는 것입니다. 이는 자신의 결정이 객관적인 근거에 기반하고 있는지, 아니면 무의식적인 편향에 의해 영향을 받고 있는지를 평가하는 과정입니다. 이러한 반성을 통해 개인은 더 객관적이고 합리적인 결정을 내릴 수 있습니다.

다섯 번째는 질문을 통해 피드백을 수용하고 자신의 행동을 성찰하는 것입니다. 이 과정은 다른 사람들의 의견을 듣고, 자신의 행동과 생각에 대해 정기적으로 반성하는 과정입니다. 적극적인 피드백을 수용하기 위해, 충분한 판단력이 있다고 여겨지는 사람에게 자신의 발화 수준을 직접 물어보십시오. 이는 자신의 사고 과정과 결정에 대한 명확한 이해를 가능하게 하며, 다른 사람들의 관점에서 자기 주장에 대한 통찰을 얻는 데 도움이 됩니다. 피드백을 통해 개인은 자신의 생각과 행동을 보다 객관적으로 평가할 수 있으며, 이는 인지편향을 극복하는 데 중요한 역할을 합니다.

마지막으로 지속적으로 배우고 학습하십시오. 이것은 대부분의 문제를 해결하기 위한 근본적인 행동 원칙입니다. 책, 강의 등 다양한 학습 방식을 통해 자신의 문제를 인식하고, 이를 극복하기 위한 전략과 기술을 배우십시오. 이러한 교육 프로그램은 편향에 대한 이해를 증진시키고, 개인이 보다 객관적이고 균형 잡힌 방식으로 정보를 처리하고 결정을 내리는 데 도움이 됩니다.

이와 같은 방법들을 통해 우리는 인지편향을 극복하고, 보다 객관적이고 균형 잡힌 의사결정을 내릴 수 있습니다. 우리가 자기 주장에서 오류를 제거한다면 그 다음은 논리성을 개발할 차례입니다. 이제, 논리적 사고에 대해 알아보겠습니다.

## 2. 논리적 사고 개발하기

논리적 사고는 명확하고 조직적인 사고 방식을 통해 합리적인 결론에 도달하는 과정입니다. 논리적 사고를 개발하는 것은 의사결정과 문제 해결 능력 향상에 지대한 도움을 줄것입니다. 이를 위해 기본적인 논리적 사고의 원칙들을 이해하고 실천하는 것이 필요합니다. 따라서 다음과 같이 논리적 사고의 7가지 기본 원칙을 소개합니다. 이러한 원칙에 따라 사고하는 것은 여러분의 사고 수준을 극도로 높여줄 것입니다.

## (1) 논리적 사고의 7가지 기본 원칙

### ▎ 첫째, 명제와 가정의 명확성

논리적 사고의 시작점은 명확하게 정의된 명제와 가정에서 시작됩니다. 우리는 정확한 명제에서 시작해 하나씩 인과적 원리에 따라 논리를 전개해야 합니다. 이러한 사고는 대부분의 분석 과정에서 유용하며, 자기 주장의 모호성을 감소시켜 줄 것입니다. 명제와 가정의 명확성은 오해를 방지하고 논리적 사고의 토대를 견고히 하며, 의사소통을 더욱 효과적으로 만듭니다. 명확한 가정과 명제는 분석의 시작점을 정확히 설정하고 논리의 흐름을 명료하게 유지하는 데 필수적인 요소입니다.

## ▎둘째, 원인과 결과의 이해

모든 사건은 원인과 결과의 연결로 이루어집니다. 논리적 사고는 이러한 연결을 이해하고, 원인이 결과를 어떻게 초래하는지를 분석하는 과정을 포함해야 합니다. 이 과정은 복잡한 현상을 단순화하고, 현상의 핵심을 파악하는 데 도움을 줍니다. 또한 원인과 결과의 이해는 예측 가능성을 증가시키고, 미래의 상황에 대한 대비를 가능하게 합니다.

## ▎셋째, 유추와 추론

유추는 이미 알려진 정보를 바탕으로 새로운 결론을 도출하는 과정입니다. 논리적 사고는 이러한 추론 과정을 통해 새로운 이해와 결론에 도달합니다. 유추와 추론을 통해, 우리는 기존의 지식을 확장하고, 미지의 영역을 탐색할 수 있습니다. 이 과정은 창의적 사고를 촉진하고, 지식의 새로운 경계를 넓히는 데 중요합니다.

## ▎넷째, 모순 회피

논리적 모순은 사고의 오류를 초래합니다. 논리적 사고는 일관성을 유지하고 모순을 피하는 것을 중요시합니다. 모순을 회피함으로써, 우리의 주장과 결론은 더욱 탄탄해지고 설득력을 얻습니다. 일관성 있는 논리적 사고는 신뢰성을 높이고, 사고의 질을 향상시킵니다.

## ▎ 다섯째, 증거와 근거 중시

우리는 또한 결론에 도달하기 위해 증거와 근거를 중시해야 합니다. 강력한 논리적 사고는 타당하고 신뢰할 수 있는 증거에 기반합니다. 객관적인 증거와 강력한 근거는 주장의 신빙성을 높이고, 논리적 결론을 더욱 견고하게 만듭니다. 증거와 근거에 기반한 사고는 주관적인 편견을 최소화하고, 객관적인 분석을 가능하게 합니다.

## ▎ 여섯째, 전체적 사고

또한 문제나 주제를 다양한 관점에서 고려하고, 전체적인 맥락을 이해하는 것이 중요합니다. 이는 사고를 보다 깊이 있고 포괄적으로 만듭니다. 전체적 사고는 복잡한 문제를 다각도에서 분석하고, 다양한 요인을 고려함으로써, 보다 포괄적이고 균형 잡힌 결론에 도달하게 합니다.

## ▎ 일곱째, 논리적 오류 인식

논리적 오류는 사고의 정확성을 훼손합니다. 따라서 비판적 사고와 결합하여 이러한 오류를 식별하고 피하는 것이 중요합니다. 논리적 오류를 인식하고 피함으로써, 우리는 사고의 오류를 최소화하고, 논리적인 결론을 도출하는 능력을 강화할 수 있습니다. 이는 비판적 사고를 촉진하고, 보다 정확하고 신뢰할 수 있는 결론을 도출하는 데 기여할 것입니다.

## (2) 논리적 사고력 향상 방법

논리적 사고력의 향상은 의사결정과 문제 해결 그리고 일상적인 상호작용에서 합리적이고 효과적인 접근을 가능하게 합니다. 이를 위해 여러 가지 방법을 실천할 수 있습니다.

우리가 가장 먼저 실천해야 하는 것은 바로 반성적 사고 연습 입니다. 이는 사실과 의견을 구별하고, 주장 뒤에 숨겨진 가정과 논리적 연결을 평가하는 과정을 실천하는 것을 의미합니다. 어떤 주장이나 정보를 마주쳤을 때, 그것이 어떻게 결론에 이르렀는지, 그리고 그 논리적 근거는 무엇인지를 분석해야 합니다.

논리적 오류를 이해하고 인식하는 것도 논리적 사고력을 향상시키는 데 중요합니다. 이를 통해 일상 대화나 논쟁에서 논리적으로 잘못된 주장을 파악하고 정정할 수 있습니다. 또한, 퍼즐과 두뇌 게임 같은 활동은 문제 해결과 추론 능력을 발달시키는 데 유용합니다.

또한 타인과 대화를 통해 논리적 불균형을 탐색하며 토론 활동을 이어가십시오. 토론이란 거창한 것이 아닙니다. 다양한 관점을 듣고 자신의 생각을 논리적으로 표현한다면 어떠한 상황이든 토론의 영역에 속합니다. 그럼으로써 다른 사람들의 의견을 경청하고 자신의 주장을 논리적으로 방어하는 방법을 배울 수 있습니다.

글쓰기 연습 또한 생각을 명확하고 조직적으로 표현하는 데 중요한 도구입니다. 논리적으로 일관된 글을 작성하려면 주제에 대해 깊이 생각하고, 논리적으로 연결된 주장을 만들어야 합니다. 글쓰기를 통해 생각을 정리하고, 논리적인 구조를 개발하는 연습을 할 수 있습니다. 글쓰기가 도움이 되는 이유는 반성과 자기 평가에 도움이 되기 때문입니다. 반성과 자기 평가도 중요한 역할을 합니다. 자신이 내린 결정이나 생각이 논리적인지, 어떤 점을 개선할 수 있는지를 고민하는 것은 논리적 사고력을 강화하는 데 도움이 됩니다. 자기 반성을 통해, 개인은 자신의 사고 과정을 비판적으로 평가하고, 필요한 부분에서 개선을 이룰 수 있습니다.

## (3) 합리적 판단을 위한 전략

합리적 판단을 내리는 것은 의사결정 과정에서 오류를 최소화하고, 효과적이며 균형 잡힌 결정을 내리는 데 중요합니다. 이를 위해 적용할 수 있는 여러 전략들이 있으며, 이러한 전략들은 결정의 품질을 높이고, 더 나은 결과를 도출하는 데 중요한 역할을 합니다.

첫째로, 정보의 양이 곧 의사결정의 수준입니다. 충분한 정보를 수집하는 것은 결정을 내리기 전에 관련된 모든 사항을 충분히 고려할 수 있게 합니다. 이 과정에서 중요한 것은 정보의 질과 출처의 신뢰성을 평가하는 것입니다. 또한 정보를 편향 없이 고려하고, 다양한 관점에서 분석하는 것이 중요합니다.

둘째, 목표와 기준을 명확히 설정해야 합니다. 이는 의사결정 과정에 방향성을 제공합니다. 결정의 목적이 무엇인지, 어떤 결과를 원하는지 명확히 하고, 이를 바탕으로 적절한 기준을 설정합니다. 이러한 기준은 가능한 옵션들을 평가하고, 최종 결정을 내리는 데 중요한 역할을 합니다.

셋째, 가능한 모든 옵션을 고려하고 각각의 장단점을 평가하는 것도 합리적인 결정을 내리는 데 중요합니다. 우리는 개별적인 옵션에 대한 신중한 분석을 통해, 더 나은 결정을 내릴 수 있습니다.

넷째, 결정의 결과를 예측하고 평가하십시오. 각 선택지가 가져올 수 있는 결과를 예측하고, 장단점을 고려하여 평가해야 합니다. 특히 장기적인 영향을 고려하는 것은 중요한데, 이는 단기적인 이익보다는 장기적인 결과에 초점을 맞추는 것을 의미합니다.

이러한 전략들을 통합적으로 적용함으로써, 여러분은 더 합리적이고 균형 잡힌 판단을 내릴 수 있습니다. 지속적인 연습과 자기 반성을 통해 더 나은 결정을 내릴 수 있는 능력을 개발하고, 이는 개인뿐만 아니라 조직의 성공에도 중요한 기여를 하도록 하십시오.

## 3. 비판적 사고를 통해 사고의 오류 극복하기

### (1) 비판적 사고의 정의와 중요성

마지막으로 우리는 사고의 오류를 극복하기 위해 비판적 사고 능력을 개발해야 합니다. 비판적 사고는 정보를 명확하고 합리적으로 분석하고 평가하는 능력입니다. 이는 주장과 논리를 비판적으로 검토하고, 문제를 해결하거나 결정을 내리는 데 필요한 핵심적인 사고 과정입니다. 우리는 비판적 사고를 통해 단순한 사실의 수용을 넘어서서, 그 정보의 출처, 구조, 타당성, 그리고 그에 내재된 가정을 분석해야 합니다.

## (2) 비판적 사고능력을 강화하는 법

### ▌ 정보에 대해 질문하기

비판적 사고는 정보를 수동적으로 받아들이는 것이 아니라, 그 정보에 대해 질문하는 것에서 시작됩니다. '이 정보의 출처는 무엇인가?', '이 주장의 근거는 무엇인가?', '이것이 사실인지 어떻게 알 수 있나?' 와 같은 질문을 통해 우리는 정보를 깊이 있게 탐구해야 합니다.

### ▌ 다양한 관점 고려하기

또한 누차 강조하지만 한 가지 주제에 대해 여러 관점을 탐색하고 이해하려고 노력해야 합니다. 혼자만의 생각에 매몰되지 마십시오. 이는 편향을 줄이고 보다 균형 잡힌 시각을 개발하는 데 도움이 됩니다.

### ▌ 증거에 근거한 결론 도출하기

주장이나 결론에 도달할 때 감정이나 직관보다는 증거와 사실에 기반해야 합니다. 이를 위해 충분한 정보를 수집하고, 그 정보의 신뢰성을 평가합니다.

### ▌ 자기 반성과 개방성 유지하기

자신의 사고 과정과 가정을 정기적으로 되돌아보고, 필요한 경우 이를 수정합니다. 또한 새로운 정보나 반대 의견에 대해 개방적인 태도를 유지해야 합니다.

## 02
## 신체적 해리 현상 회복하기

이제 신체적 해리 현상을 극복하는 법에 대해 탐구하겠습니다. 해리 현상은 복잡하고 어려운 문제입니다. 스트레스에 대한 우리의 취약성은 쉽게 해결될 수 있는 것은 아니기 때문입니다. 하지만 해리 현상을 극복할 수 있는 방법은 존재합니다.

이 목차에서 우리는 해리 현상을 극복하고 현상을 긍정적인 측면으로 활용하는 방법을 배울 것입니다. 이러한 과정에서 해리 현상을 극복하는 것에 가장 중요한 것은 문제를 인식하는 것에서 해결이 시작된다는 점입니다. 반드시 명심하십시오. '인식하면 해결할 수 있다'는 마음가짐이 신체적 해리 현상에서 벗어나는 과정의 핵심이라는 것을요.

## 1. 해리 현상 회복

## (1) 해리 현상 인식하기

언급한 바와 같이, 해리 현상을 극복하기 위한 첫걸음은 그것을 인식하고 직면하는 것입니다. 우리는 종종 일상생활에서 스트레스나 트라우마로 인해 현실감 상실과 자신과의 분리감 등의 현상을 갖는 해리 현상을 경험할 수 있습니다. 해리 현상을 인식하는 것은 그 자체만으로 우리가 현재와 어떻게 연결되어 있는지를 이해하는 데 도움이 되며, 자신의 감정과 생각을 더 깊이 이해하는 데 중요한 과정입니다.

해리 현상을 인식하는 것은 자신이 겪고 있는 감정적, 정신적 현상을 명확히 인지하는 것을 의미합니다. 우리는 자신의 감정을 느끼지 못하거나, 현실과의 연결을 잃어버린 것처럼 느낄 수 있습니다. 이러한 순간들을 인식하는 것은 우리가 이러한 감정을 경험하는 이유와 그것이 우리 삶에 어떤 영향을 미치는지를 이해하는 데 첫걸음이 됩니다.

또한 이러한 감정적 경험을 있는 그대로 받아들여야 합니다. 이는 강한 파도를 맞닥뜨렸을 때 그것과 싸우기보다는 그것을 인정하고 받아들이는 서퍼의 태도와 유사합니다. 우리는 자연스러운 신체의 반응과 다투려고 해서는 안됩니다. 그저 이해하고 인정하십시오. 해리 현상을 직면하고 인정하는 것은 우리가 이러한 감정적 경험을 부정하거나 회피하지 않고, 오히려 그것을 이해하고 받아들인다는 것을 의미합니다.

해리 현상에 직면하는 것은 자신의 내면을 깊이 탐구하고, 자신의 감정과 생각을 더 잘 이해하기 위한 과정입니다. 이 과정은 우리가 자신의 감정을 더 잘 인식하고, 그것을 통제하는 데 도움이 될 것입니다.

이제, 해리 현상을 인식하는 것의 중요성은 충분히 인지하셨을 것입니다. 그럼, 해리 현상을 인식하는 방법에 대해 살펴보겠습니다.

## (2) 해리 현상 인식하는 법

해리 현상을 인식하는 것은 그 자체로 중요한 감정의 진단과정이며, 이는 다양한 정서적 문제에 대처하고 대응할 수 있는 중요한 활동입니다. 해리 현상을 인식하는 것은 중요한 발전적 접근의 시작점이며, 이를 통해 적절한 치료 방법을 찾고 근본적인 문제를 해결하는 데 도움이 될 것입니다. 따라서 이러한 상태를 인식하는 데 도움이 되는 몇 가지 방법을 살펴보겠습니다.

### ▌현실감 상실 인지하기

해리 현상의 가장 흔한 증상 중 하나는 현실감 상실입니다. 자신이나 주변 환경에 대한 현실감이 떨어지는 것을 경험하거나, 마치 자신의 생각이나 감정이 현실과 분리된 것처럼 느끼게 됩니다. 이는 일상생활에서 자신이나 주변 사물을 비현실적으로 느끼는 현상입니다. 감정적 스트레스를 받은 후 주변의 사람들은 굉장히 급박하게 행동하는데, 자신은 그러한 분위기에 동화되지 못한 경험이 있나요? 그렇다면 스트레스에 대한 대처방안으로 해리 현상이 나타나고 있는 것입니다.

### ▌환경에 대한 인지 변화

편안했던 주변 환경이 낯설게 느껴지는것처럼 느껴지는 경우도 있습니다. 굳이 현실이 아닌 것처럼 느껴지는 수준은 아니더라도 내가 환경에 속해있지 못한다는 감정을 느낀다면 환경에 대한 인지 변화를 겪고 있다는 감정적 증거입니다. 이 느낌 또한 우리는 주의해야 합니다.

## ▌자동화된 행동 또는 몸의 느낌 변화

자신의 행동이 자동적으로 느껴지거나, 신체의 일부가 자신의 것이 아닌 것처럼 느껴지는 경우도 해리 현상의 증상으로 나타날 수 있습니다. 몸이 자신의 의도보다는 타자에 의해 지배받는 상황입니다. 이러한 상황에는 몸이나 행동에 대한 통제력이 부족하게 느껴질 수 있습니다.

## ▌감정의 분리 또는 무감각

감정이 둔화되거나 자신의 감정에서 분리된 느낌을 받는 경우도 해리 현상에서 흔히 경험합니다. 이는 감정을 느끼는 능력이 제한되거나, 감정에 대한 반응이 무뎌지는 현상입니다.

## (3) 해리 현상 회복을 위한 실천적 전략

해리 현상에서 회복하는 첫걸음은 안정적인 정서 상태를 찾는 것입니다. 우리는 감정을 안정시키기 위해 심호흡이나 명상과 같은 활동과 같이 신체를 통제하고 관리하는 활동을 수행할 수 있습니다. 신체와 감정은 밀접하게 관련되어 있기 때문입니다.

하지만 가장 중요한 것은 자신의 감정을 명확하게 표현하는 것입니다. 자신의 감정을 표현하는 것은 해리 현상에서 회복하는 데 매우 중요합니다. 감정을 표현하는 것은 자신의 내면을 탐색하고 이해하는 데 도움이 되는 행위이며 이러한 효과가 곧 해리 현상 회복에 도움을 줍니다. 우리는 보통 일기 쓰기나 대화를 통해 감정을 표현할 수 있습니다. 특히 감정 표현에 있어 감정 일기를 작성하는 것을 추천합니다. 이 방법은 개인이 겪고 있는 감정들을 일기 형태로 기록함으로써, 감정을 명확하게 이해하고 처리하는 데 도움이 됩니다. 이때에는 카메라로 순간을 포착하는 듯, 감정의 순간과 그 변화 과정을 세밀하게 기록해야 합니다. 이러한 기록은 자신이 겪고 있는 감정들을 되돌아보고 분석하는 데 도움이 되며, 감정의 변화 패턴을 이해하는 데 중요한 도구가 됩니다.

해리 현상에서 회복하는 과정은 점진적으로 이루어집니다. 감정의 수용과 인식에 있어 작은 성공을 소중히 여기십시오. 작은 성공을 경험하며 자신감을 쌓는 것은 마치 산을 한 발자국씩 오르는 것과 같아, 점차적으로 더 큰 성취를 향해 나아갈 수 있게 할 것입니다.

마지막으로, 지속적으로 자신의 감정과 대화를 시도하는 것도 중요합니다. 자신과의 대화를 통해 감정을 이해하고, 그에 대한 새로운 통찰을 얻을 수 있기 때문입니다. 그렇게 이해한 감정을 신뢰할 수 있는 타인에게 표현하십시오. 내가 느끼는 감정은 그 자체로 정당합니다. 타인이 당신의 감정을 이해하고 공감하는 경험을 반복해, 감정 자체에 내재된 정당함을 당신의 무의식이 체득하게 하십시오.

이러한 다양한 실천적 전략은 해리 현상을 겪는 어려움을 극복하고, 더 건강하고 통합된 삶을 살 수 있도록 도움을 줄 것입니다.

## 2. 해리 현상 활용하기

## (1) 해리 현상을 이용한 궁극적 자기 발견

우리는 이처럼 해리 현상을 인식하고 극복하는 법에 대해 배웠습니다. 해리 현상을 극복해야 하는 이유는 그만큼 나쁜 영향을 끼치기 때문이었죠. 하지만 세상에 나쁜 작용만 하는 요소는 없습니다. 대부분의 시스템은 부정적인 측면과 긍정적인 측면을 모두 갖고 있습니다. 해리 현상도 마찬가지입니다. 따라서 우리는 해리 현상의 부정적인 측면을 배제하는 것 뿐만 아니라, 그것이 가진 긍정적인 활용도 고려해야 합니다. 해리 현상이 우리에게 줄 수 있는 가장 좋은 활용 방법은 바로 해리 현상이 발생하는 패턴을 파악하여 무의식이 갖고있는 감정적 불균형을 인식하는 것입니다. 그렇다면 자기 인식에 관한 해리 현상의 긍정적 활용 방법은 어떠한 것들이 있을까요?

첫 번째는 해리 현상을 통한 자기 발견입니다. 해리 현상을 경험하고 활용하는 것은 자기를 탐색하고 숨겨진 자아를 발견하는 것에 매우 긍정적인 도움을 줍니다. 이를 통해 우리는 자신의 내면 깊은 곳에 숨겨진 감정과 생각을 발견하고, 그것들이 왜 우리의 삶에 영향을 미치는지를 이해할 수 있습니다. 예를 들어 어떤 사람이 A라는 상황에서 스트레스를 받을 때 해리 현상을 경험한다면, 그것은 상황 A에서 발생하는 스트레스에 대한 그의 내면의 반응과 스트레스를 받는 이유, 이후에 일상 생활과의 상호 작용 과정을 더 명확하게 이해할 수 있게 됩니다. 이는 자신의 인식 근원을 파악하고 활용하는 데 지대한 도움이 됩니다.

두 번째는 해리 현상의 극복을 통한 자기 인식의 심화입니다. 해리 현상을 인식하고 이해하는 것은 자기 인식을 심화시킵니다. 이 과정을 통해 우리는 자신의 정체성과 감정을 더 깊이 이해하고, 자기 자신에 대한 더 건강하고 긍정적인 관점을 개발할 수 있습니다. 이는 마치 정원을 가꾸는 것과 같습니다. 정원을 가꾸기 위해서는 먼저 잡초를 제거하고, 땅을 일구며, 적절한 영양분을 공급해야 합니다. 해리 현상을 통해 우리는 잡초와 같은 부정적인 감정과 생각을 인식하고, 그것들을 처리하여 긍정적인 변화를 이룰 수 있습니다.

이렇게 해리 현상을 활용하여 우리는 더 깊은 자기 인식에 도달할 수 있습니다. 이처럼, 자기 성찰과 인식에 익숙해진다면 해리 현상을 오히려 기회로 바라보실 수 있게 될 겁니다.

# 03
# 수치심과 두려움 극복하기

수치심과 두려움을 극복하는 것은 자기 주장 차원에서 뿐만아니라 개인의 정서적 건강과 전반적인 삶의 질 향상에 매우 중요합니다. 1장에서 언급한 바와 같이, 이 두 감정은 강력하며 정신과 사고 과정을 마비시킬 수 있습니다. 따라서 이들을 이해하고 대처하는 방법을 배우는 것이 필요합니다. 그것을 위해 먼저 우리는 수치심 회복탄력성의 개념에 대해 살펴보겠습니다.

## 1. 수치심 마주하기

### (1) 수치심 회복 탄력성: 수치심에서 회복하고 성장하는 방법

#### ● 회복 탄력성의 개념 이해하기

우리는 먼저 회복 탄력성이라는 개념을 이해해야 합니다. 회복 탄력성이란 어려움에 직면했을 때 원래의 상태로 돌아오거나, 심지어는 그 경험을 통해 성장하는 능력을 의미합니다.

감정에서도 회복 탄력성은 존재합니다. 감정적 회복 탄력성은 매우 중요한 역할을 합니다. 수치심이란 감정을 직면했을 때, 일반적으로 회복 탄력성이 적은 사람은 수치심이란 감정에 압도 당하여 행위를 개선시키거나 환경에 적응하기 어려울 것입니다. 하지만 회복 탄력성이 높은 사람은 이를 극복할 뿐더러 회복하는 과정에서 더 단단한 내적 강도를 키울 것입니다. 이렇게 감정을 극복하고 합리적으로 행위할 수 있는 능력에 대한 특성이 곧 회복 탄력성이라고 할 수 있으며, 이는 우리가 심리적 충격을 받았을 때 건강하게 대처하고, 감정적으로 더 능숙히 회복하도록 도울 것입니다.

수치심 회복 탄력성이란 부정적인 감정, 특히 수치심을 경험한 후에 이를 극복하고 건강하게 회복하는 능력을 말합니다. 이는 개인이 수치심을 느낀 후 스스로를 용서하고, 그 경험에서 배움을 얻으며, 강화된 자기 인식과 자신감으로 나아가는 과정을 뜻합니다. 수치심 회복 탄력성은 자기 이해의 증가과 감정 조절 능력의 향상 그리고 어려운 상황을 더 잘 관리할 수 있는 능력의 발달을 가져올 수 있습니다.

나무가 강한 바람에 흔들리는 것을 생각해 봅시다. 탄력성이 강한 나무는 바람이 멎었을 때 원래의 상태로 돌아갈 수 있습니다. 반면, 탄력성이 약한 나무는 쉽게 부러지거나 쓰러질 것입니다. 우리의 회복 탄력성도 이와 유사합니다. 수치심이라는 강한 감정적 바람에 휘말렸을 때, 우리는 그것을 견디고 원래 상태로 돌아갈 수 있는 내적 힘을 기르는 것이 중요합니다.

수치심에서 벗어나는 탄력성을 기르는 것은 쉽지 않습니다. 우리는 수치심의 원인과 그것이 우리의 생각과 행동에 어떻게 영향을 미치는지를 이해해야 합니다. 수치심은 우리가 자신을 낮게 평가하게 만들고, 다른 사람들의 시선을 과도하게 의식하게 만드는 감정입니다. 이러한 감정을 경험할 때, 우리는 자신을 보호하기 위해 소극적이거나 방어적인 태도를 취합니다.

하지만 수치심을 극복한 사례는 많습니다. 개인적 경험을 통한 수치심 극복 사례를 조사해보면, 많은 사람들이 자신의 수치심을 극복하고 더 강해진 사례를 찾을 수 있습니다. 공공장소에서의 난처한 상황이나 직장에서의 실수 등 다양한 상황에서 수치심을 경험한 사람들이 이를 극복하고 자신감을 회복한 사례들을 생각해보십시오. 이러한 사례들은 우리에게 수치심을 극복하는 것이 가능하며, 심지어는 그 과정에서 우리 자신을 더 잘 이해하고 성장할 수 있는 기회를 제공한다는 것을 보여줍니다.

수치심과 마주하는 긍정적 접근 방법은 이러한 감정을 인정하고, 그것이 우리에게 미치는 영향을 이해하는 것부터 시작됩니다. 수치심을 느낄 때, 우리는 자신을 비판하기보다는 이해와 연민을 가지고 자신을 대해야 합니다. 이러한 긍정적인 접근은 우리가 수치심을 극복하고, 자신의 강점과 한계를 더 잘 이해하는 데 도움이 될 수 있습니다.

수치심은 우리 모두가 경험하는 보편적인 감정입니다. 그것을 이해하고, 그로부터 회복하는 것은 자기계발의 중요한 부분입니다.

● 수치심에서 벗어나는 회복 탄력성 기르기

그렇다면 이러한 회복 탄력성은 어떻게 기를 수 있을까요?

먼저, 우리는 우리에게 좀더 관대할 필요가 있습니다. 수치심을 경험할 때, 우리는 종종 스스로에게 엄격해집니다. 수치심이라는 감정에 압도당하는 사람은 작은 실수를 거대한 실패로 확대해 해석하는 경향이 있습니다. 이러한 생각은 우리의 탄력성을 약화시키며, 우리가 진정으로 원하는 삶을 살기 어렵게 만듭니다. 따라서, 자신에 대한 이해와 자기 인식을 키우는 것이 중요합니다.

　또한 우리는 신체의 반응을 조절해야 합니다. 우리가 수치심을 느낄 때에는 호흡이 빨라지고 심장이 빨리 뛰는 투쟁-도피 반응이 나타납니다. 이러한 순간에는 깊게 호흡하고, 신체의 움직임을 최대한 진정시키는 연습이 필요합니다. 이렇게 자신의 신체의 반응을 관리하는 연습은 우리의 탄력성을 강화시키는 데 도움이 됩니다.

　탄력성을 기르기 위해 신념을 긍정적으로 전환하는 것도 중요합니다. 부정적인 자기 대화를 긍정적인 방향으로 바꾸는 것은 오래된 습관을 새롭고 건강한 습관으로 대체하는 것입니다. 예를 들어 실패나 거절을 경험했을 때에는, "나는 충분한 능력이 없다" 또는 "나는 사랑받을 자격이 없다"와 같은 신념 체계가 작용할 수 있습니다. 하지만 실패나 거절을 경험한 후에도 "나는 여전히 가치 있는 사람이다", "내 강점이 이 분야에서는 적용되지 않을 뿐이다" 또는 "실패는 학습의 기회이다"와 같은 긍정적인 신념을 채택할 수 있다면 우리는 수치심을 더 쉽게 극복할 수 있을 것입니다. 이러한 긍정적인 신념은 우리의 탄력성을 강화하고, 수치심을 극복하는 데 도움이 됩니다.

　타인과 경험을 공유하는 것 또한 수치심을 극복하는 데 중요한 역할을 합니다. 경험 공유는 우리는 혼자가 아니며 우리가 가정하는 것보다 우리의 수치심에 타인이 관심이 없다는 것을 깨닫게 해줍니다. 경험 공유는 우리가 우리의 경험을 수용하게 하고, 수치심을 극복하는 데 도움을 줍니다.

　마지막으로, 자기 연민은 수치심을 경험할 때 회복력을 발휘하는 데 중요한 요소입니다. 자신을 비난하거나, 자신의 감정을 부정하는 대신, 스스로에게 연민을 갖는 것이 중요합니다. 따라서 자기 자신에게, 조금 더 관대해지십시오.

## ● 수치심에 대한 긍정적 접근 방식

수치심을 경험하는 것은 마치 높은 벽 앞에 서 있는 것과 같습니다. 처음에는 이 벽이 우리를 가로막고, 우리의 길을 방해하는 것처럼 보입니다. 하지만 이 벽을 다르게 바라볼 때, 우리는 그것을 극복하고 뛰어넘는 방법을 배울 수 있습니다. 이러한 경험은 우리가 자신의 한계를 인식하고, 그것을 넘어서는 방법을 배우는 데 도움이 됩니다.

예를 들어, 중대한 발표 상황에서 실수로 인해 경험한 수치심은, 그 실수로부터 배우고 더 나은 방법을 찾는 기회가 될 수 있습니다. 이러한 경험은 우리에게 교훈을 제공하고, 우리가 더 나은 사람이 될 수 있도록 도와줍니다. 또한 수치심을 경험한 후에는, 우리는 종종 자신의 행동과 결정을 되돌아보게 됩니다. 이 과정은 자기 성찰을 촉진하고, 우리가 더 나은 선택을 할 수 있도록 도와줍니다.

또한 수치심에 대한 긍정적 접근 방식을 채택하기 위해서는, 우리는 먼저 수치심을 단순히 부정적인 감정으로만 여기지 않고, 이로 인해 얻을 수 있는 교훈과 성장의 기회가 있다는 것을 인식해야 합니다. 따라서 다음과 같이 우리가 수치심을 경험할 때 취할 수 있는 구체적인 방안들을 소개합니다.

## ▌ 수치심을 인정하고 성찰하기

수치심을 느낄 때, 이를 부정하거나 숨기려 하지 말고, 이 감정을 인정하는 것이 중요합니다. 인정함으로써 우리는 그 감정을 수용할 수 있게 됩니다. 수치심이 발생한 원인과 상황을 되돌아보며, 왜 그런 감정을 느꼈는지에 해 깊이 생각해 보는 것입니다. 성찰을 통해 감정에 대한 우리의 인식은 더욱 깊어질 수 있습니다.

▎ 감정 전환을 통해 자기 연민 갖기

　수치심을 경험한 후에는 그것을 긍정적인 방향으로 전환하는 것이 중요합니다. 예를 들어, 이 감정을 통해 얻은 교훈을 생각하고, 앞으로 어떻게 더 나은 행동을 할 수 있을지 고민해 보는 것입니다. 그렇게 수치심을 자신에게 도움이 되는 방향으로 사고할 수 있다는 우리는 스스로에 대한 연민을 가질 수 있습니다. 자신에게 연민을 가지고, 수치심을 느낀 자신을 비난하기보다는 이해하고 받아들이는 것은 수치심 회복 탄력성 강화에 필수적인 요인입니다. 좋은 친구가 위로해주는 것처럼, 우리는 우리 자신에게 친절하고 지지적인 태도를 취해야 합니다.

　이러한 긍정적 접근 방식은 수치심을 경험하는 것이 단순히 부정적인 것만은 아니라는 것을 깨닫게 해줍니다. 오히려 이는 우리에게 자기 성찰의 기회를 제공하며, 우리가 더 나은 사람이 되기 위한 길을 제시합니다.


## 2. 두려움과 마주하기: 두려움에 직면하고 그것을 극복하는 전략

## (1) 두려움 인식과 수용

　두려움은 우리 모두가 경험하는 보편적인 감정입니다. 이 감정은 어두운 숲 속에서 길을 잃었을 때 느끼는 불안과 같습니다. 언제 공격받거나 위험한 상황이 올지 예측할 수 없는 것이지요. 이러한 감정은 불편하고 불안하지만, 그것을 인식하고 수용하는 것은 자기 주장을 위한 내적 성장에 필수적인 단계로 작용합니다.

두려움을 인식하는 것은 우리가 그 감정을 이해하고 대응하는 유용한 활동입니다. 그저 우리 내면의 감정들을 조용히 관찰하십시오. 두려움이 언제, 어떻게, 왜 발생하는지를 인식하는 것은, 우리가 그 감정을 더 잘 이해하고 관리할 수 있도록 도와줍니다.

또한 두려움을 수용하는 것은 그 감정을 부정하거나 피하기보다는 그것을 있는 그대로 받아들이는 것을 의미합니다. 우리가 두려움을 수용할 때, 우리는 그 감정이 우리를 지배하지 않도록 할 수 있습니다. 그럼으로써 우리는 두려움을 부정적인 것으로만 여기지 않고, 이를 통해 얻을 수 있는 교훈과 성장의 기회를 탐색할 수 있습니다. 두려움을 인식하고 수용하는 것은 우리가 그 감정을 더 잘 관리하고, 그것을 통해 더 강하고 탄력적인 사람이 될 수 있는 방법을 배우는 데 도움이 될 것입니다.

## (2) 두려움을 새로운 관점으로 보기

우리는 앞서 두려움이라는 보편적이면서도 복잡한 감정에 대해 탐구했습니다. 두려움을 인식하고 수용하는 것이 중요하다는 것을 배웠죠. 이제 우리는 한 걸음 더 나아가 두려움을 새로운 관점으로 조명함으로써, 이 감정을 어떻게 다르게 해석하고 활용할 수 있는지 살펴볼 것입니다. 이 관점에서는 두려움을 단순히 부정적인 감정으로만 보지 않습니다. 수치심과 마찬가지로 이를 성장의 촉매, 정보의 원천, 자기 인식의 도구, 자기 성장의 경로로 이해하고 활용할 것입니다. 이러한 관점은 우리에게 두려움이라는 감정을 보다 깊이 이해하고, 이를 통해 우리 자신을 더욱 발전시킬 수 있는 다양한 방법을 제시합니다. 다음과 같이 두려움을 새로운 눈으로 바라보면서, 우리는 그 감정을 우리 삶의 긍정적인 변화와 성장을 위한 도구로 전환할 수 있는 방법을 소개합니다.

## ▎첫째, 두려움을 성장의 촉매로 보기

본능적으로 두려움은 부정적이고 방해가 되는 감정으로 여겨져 왔습니다. 하지만 두려움을 개인적 성장과 자기 인식을 촉진하는 기회로 봄으로써, 우리는 두려움이라는 감정을 활용할 수 있게 됩니다. 즉, 두려움이 자신에 대해 더 많이 배우고, 감정적으로 더 강해질 수 있는 계기를 제공한다는 것을 인식하는 것입니다.

## ▎둘째, 두려움을 정보를 얻는 수단으로 이해하기

두려움은 우리에게 우리가 불안하거나 불편함을 느끼는 상황에 대한 중요한 정보를 제공합니다. 이 정보는 우리가 어떤 상황이나 문제에 대해 어떻게 느끼고, 반응하는지를 이해하는 데 도움이 됩니다.

## ▎셋째, 두려움을 자기 인식의 도구로 사용하기

두려움은 우리가 어떤 상황에서 불안하거나 위협을 느끼는지를 알려주는 강력한 도구입니다. 두려움를 통해 우리는 자신의 한계와 약점을 더 잘 이해하고, 이를 극복하거나 강화하기 위한 방법을 찾을 수 있습니다.

## ▎넷째, 두려움을 대면하는 과정을 통한 자기 성장

가끔은 두려움을 대면하는 과정 자체가 중요한 성장의 경험이 될 수 있습니다. 두려움을 마주할 때마다, 우리는 두려움을 극복하기 위한 다양한 전략을 배우고, 이를 통해 더 강인하고 탄력적인 개인이 될 수 있습니다. 이 과정을 반복함으로써 점점 더 두려움을 극복할 수 있게 될 것입니다.

## 다섯째, 두려움을 감정적 탄력성의 기회로 보기

두려움을 경험하고 극복하는 과정은 또한 감정적 탄력성을 구축하는 데 도움이 됩니다. 이는 어려운 감정과 상황을 효과적으로 관리하고, 이를 통해 더 강해질 수 있는 능력을 의미합니다.

## (3) 두려움을 극복하는 실천적 방법

또한 두려움을 극복하는 데에는 몇 가지 실천적 방법이 있습니다. 이러한 전략들은 두려움에 대처하고, 자신감을 키우는 데 도움이 됩니다. 두려움을 극복하는 전략을 다음과 같이 소개합니다.

## 두려움에 점진적으로 노출되기

두려움 극복을 위해, 두려움에 점진적으로 노출되는 것이 매우 중요합니다. 이는 두려움을 일으키는 상황에 자신을 의도적으로 노출시키는 것을 의미합니다. 예를 들어, 대중 앞에서 말하는 것에 대한 두려움을 가진 사람은 소규모 집단 앞에서 발표하는 것부터 연습해야 합니다. 누군가는 가장 어려운 단계부터 도전하는 것이 더 효과적이라고 종용하고는 하지만, 이는 전혀 아닙니다. 오히려 트라우마를 발생시켜, 의욕과 성과를 떨어뜨릴 수 있습니다. 모든 학습의 단계가 그렇듯, 두려움에 대한 노출 또한 난이도가 낮은 것부터 조금씩 진행하는 것이 장기적으로는 더 효과적입니다.

## 최악의 상황 가정 해보기

두려움에 직면할 때, 최악의 시나리오를 가정하는 것은 우리가 예상치 못한 상황에 대비하는 데 도움이 됩니다. 이는 우리가 두려워하는 이유를 이해하는 데 중요한 첫 걸음입니다, 왜냐하면 두려움은 대체로 잠재적 손실이나 고통에 대한 반응에서 비롯되기 때문입니다. 이 과정에서 우리는 두려운 상황을 구체적으로 식별하고, 해당 상황에서 발생할 수 있는 최악의 결과를 상상함으로써, 그 상황이 실제로 발생했을 때 어떻게 대처할 수 있을지에 대한 계획을 세울 수 있습니다. 이러한 계획은 우리에게 실질적인 준비와 함께 정신적인 안정감을 제공하여, 두려움이 초래할 수 있는 손실과 고통에 대한 불안을 줄여주고 더 강하게 만들어줍니다.

# 04
# 감정 드러내기

인간으로서 우리 모두는 다양한 감정을 경험합니다. 우리는 이러한 감정을 표현함으로써 정서적 건강과 대인 관계를 효과적으로 개선할 수 있습니다. 감정을 드러내는 것은 단순히 마음속에 있는 것을 밖으로 나타내는 것 이상의 의미를 지닙니다. 이는 자기 이해를 증진시키고, 타인과의 의사소통을 강화하며, 감정적인 균형을 유지하는 데 중요한 역할을 합니다. 감정을 솔직하고 건강하게 표현하는 능력은 개인적인 성장과 발전을 위한 기초가 되며, 우리의 정서적 안정과 관계의 질을 향상시키는 데 기여합니다. 드디어 우리의 감정을 당당히 드러내는 법을 배울 것입니다. 먼저, 자신의 감정을 인식하고 이해하는 방법입니다.

## 1. 감정을 인식하고 이해하는 방법

감정을 명확히 인식하는 것은 감정을 드러내기 위해 필요한 단계이며 건강한 자기 표현과 의사소통의 기반입니다. 이 과정은 단순한 감정의 인지를 넘어서,

그 감정이 우리에게 어떤 의미를 가지는지 이해하는 것을 포함합니다. 그렇다면 어떻게 감정을 명확히 인식할 수 있을까요?

## (1) 감정 인식의 첫걸음 : 자기 관찰

감정 인식은 자기 이해와 자기 표현의 첫걸음으로, 정서적 건강과 대인 관계의 풍요로움을 증진시키는 데 큰 도움이 됩니다. 이 과정은 자신의 내면을 관찰하고 감정의 신체적 반응을 인식하며, 감정 언어를 개발하고 감정을 표현하는 과정을 반복하는 것입니다.

먼저 내면 관찰은 감정 인식의 시작점입니다. 자신을 위해 조용한 사색의 시간을 갖는 것은 자신의 감정과 생각을 깊이 있게 인식하는 데 도움을 줍니다. 이러한 활동들을 통해, 발현되는 감정들을 자세히 느끼고 이해할 수 있습니다. 감정이라는 영역에서 느끼는 것은 곧 인식하는 것이기에, 이 과정은 감정을 더 잘 이해하고 관리하는 데 중요한 과정이 됩니다.

감정에 따른 신체적 반응을 인식하는 것도 감정을 이해하는 중요한 단계입니다. 우리 몸은 다양한 감정에 반응하여 신체적으로 변화를 나타냅니다. 예를 들어, 불안함을 느낄 때 손이 떨리거나, 기쁠 때 가슴이 뛰는 것을 경험할 수 있습니다. 이러한 신체적 반응을 인식하고 이해함으로써 감정과 그 원인을 파악할 수 있습니다.

감정을 표현하는 데 필요한 언어를 학습하고 정의하는 것도 중요합니다. 단순한 감정의 언어화부터 시작하여, 점차 감정의 복잡성을 표현할 수 있는 언어로 확장해 나가는 연습이 필요합니다. 이 과정에서는 감정의 다양한 측면을 정확하고 명확하게 표현하는 능력이 개발됩니다. 감정 언어를 사용하는 것은 감정을 외부 세계와 소통할 수 있는 방법을 제공하며, 감정을 이해하고 표현하는 데 중요한 역할을 합니다.

또한, 대화를 통한 감정 표현 연습을 꾸준히 해야합니다. 친구나 가족과의 대화, 전문가와의 상담 등을 통해 자신의 감정을 솔직하게 표현하는 것 또한 건강한 감정 표현의 일부입니다. 처음에는 어려움을 느낄 수 있지만, 감정을 받아들여줄 수 있는 사람에게 자신의 감정을 표현하는 연습을 반복함으로써, 감정을 인정하고 표현하는 능력을 개발할 수 있습니다. 이러한 연습은 자신의 감정을 인정하고 이해하는 데 중요한 단계가 됩니다.

이러한 방법들을 통해 감정을 인식하고 표현하는 능력을 개발하는 것은 자신의 정서적 건강을 증진시키고, 대인 관계의 질을 향상시키는 데 기여합니다. 감정 인식은 자기 자신을 더 잘 이해하고, 다른 사람들과의 관계에서 더 깊이 있는 소통을 가능하게 합니다. 따라서 감정 인식과 표현은 자기 발전과 성장의 중요한 부분으로 간주되어야 합니다.


## (2) 감정과 신체 반응의 연결 이해하기

감정과 신체의 상호 작용을 이해하는 것은 곧 감정 식별력을 높이고 정서적 건강을 증진하는 활동입니다. 스트레스나 불안과 같은 강렬한 감정이 발생할 때, 우리 몸은 이를 다양한 신체적 증상으로 표현합니다. 각각의 감정은 신체의 특정 부위에 영향을 미치며, 이러한 신체적 증상은 감정이 우리 몸에 미치는 영향을 이해하는 데 중요한 단서를 제공합니다. 이것의 근거는 감정이 마음의 상태에만 국한되지 않고 신체와 긴밀하게 연결되어 있다는 것에 있습니다.

그러므로 이 둘 사이의 상호 작용은 우리의 일상 생활과 건강에 중요한 영향을 미칩니다. 예를 들어, 행복과 만족감을 느낄 때의 우리는 더 활기차고 에너지가 넘치는 것을 경험할 것입니다. 이는 긍정적인 감정이 신체적 건강과 직접적으로 연결될 수 있음을 보여줍니다.

또한 감정과 신체의 상호 작용을 이해함으로써 우리는 개인의 정서적 건강과 신체적 건강에 대한 이해를 증진시킬 수 있습니다. 이러한 인식은 자기 관리 전략을 개발하고, 스트레스를 효과적으로 관리하며, 일상 생활에서 더 건강한 생활 방식을 채택하는 데 도움이 됩니다. 또한 이는 우리가 자신의 감정과 신체적 상태에 더 주의를 기울이고, 이에 적절하게 반응할 수 있게 만들어, 전반적인 삶의 질을 향상시키는 데 기여합니다.

따라서, 감정과 신체의 상호 작용을 이해하고 이에 적절히 반응하는 것은 우리의 정서적 및 신체적 건강을 향상시키는 데 매우 중요합니다. 이를 통해 개인은 스트레스 관리 능력을 향상시키고, 정서적 균형을 유지하며, 건강한 생활 습관을 개발할 수 있으며, 이는 전반적인 웰빙과 삶의 질을 높이는 데 기여할 것입니다.

## (3) 자기 감정의 정확한 식별 방법

감정은 우리에게 명확하게 드러나지 않습니다. 예를 들어, 우리는 종종 화가 났다고 느끼지만, 그것이 실제로는 실망이나 상처에서 비롯된 것일 수 있습니다. 이는 우리가 감정을 정확하게 식별하는 데 어려움을 겪을 수 있음을 나타냅니다. 감정을 정확히 식별하는 것은 자기 인식의 중요한 부분이며, 이를 통해 우리는 자신의 감정을 더 잘 이해하고 관리할 수 있습니다.

감정을 식별하는 것은 복잡하고 어려운 과정입니다. 예를 들어, 우리는 다양한 감정을 동시에 경험할 수 있으며, 이러한 감정의 동시 촉발적 특성은 감정의 정확한 식별을 어렵게 만듭니다. 또한 우리의 과거 경험과 현재 상황은 우리가 감정을 어떻게 인식하고 해석하는지에 영향을 미칩니다. 이는 우리가 감정을 식별하고 이해하는 데 있어 중요한 고려 사항입니다. 그렇다면 우리는 어떻게 우리의 감정을 식별할 수 있을까요? 저는 감정을 식별하기 위한 효과적인 수단인 감정 일기를 작성하는 것을 추천드립니다.

김정 일기는 우리의 감정적 경험을 기록하는 행위입니다. 이것은 날씨 일기와 유사합니다. 날씨 일기에서 우리는 매일의 날씨 변화를 기록하듯, 감정 일기에서는 우리의 감정적 변화를 기록합니다. 이 과정은 우리가 자신의 감정 변화를 인식하고, 그 패턴을 이해하는 데 도움이 됩니다.

이렇게 진행되는 감정 추적은 단순히 '기쁨'이나 '슬픔'과 같은 감정을 기록하는 것을 넘어섭니다. 이것은 우리의 감정이 어떤 상황에서 발생하고, 어떤 생각과 연관되어 있는지를 관찰하는 과정입니다. 예를 들어, 어떤 사건이 발생했을 때 우리가 느끼는 감정과 그 감정이 어떻게 우리의 생각과 행동에 영향을 미치는지를 추적할 것입니다.

감정 일기를 작성할 때, 우리는 감정을 촉발시킨 다양한 상황과 원인까지 기록해야 합니다. 예를 들어, '오늘 나는 프로젝트 마감으로 인해 스트레스를 많이 받았다. 나는 긴장되고 초조한 감정을 느꼈으며, 이로 인해 집중하기가 어려웠다'와 같이 단순한 감정만 기록하는 것이 아니라 감정의 원인과 상황까지 기록하는 것입니다. 기록은 우리가 특정 상황에서 어떻게 반응하는지를 이해하는 데 큰 도움이 될 것입니다.

## 2. 감정 표현의 기술: 효과적으로 감정을 표현하는 방법

언어는 감정을 전달하는 주요 수단입니다. 우리는 대개 말로써 우리의 기쁨과 슬픔을 표현합니다. 하지만 감정을 표현하는 방식이 항상 명확하거나 이해하기 쉬운 것은 아닙니다. 예를 들어, '화가 난다'라는 표현은 실제로 분노의 정도나 그 원인을 충분히 설명하지 못합니다. 이는 언어를 통한 감정 표현이 매우 다채로운 영역임을 보여줍니다.

따라서 감정을 말로 표현하는 것은 사실 어려운 행위입니다. 우리의 감정은 그만큼 복잡하고 다층적이며 언어는 감정을 표현하는 데 있어 내재적인 한계를 가지고 있기 때문입니다.

따라서 우리는 감정을 명확히 표현하기 위한 표현법을 학습할 필요가 있습니다. 다음과 같이 감정에 관한 언어적 표현의 한계를 극복하기 위한 다양한 방안을 소개합니다.

### (1) 정확한 언어 사용하기

감정을 정확히 표현하기 위해서는 구체적이고 명확한 언어를 사용해야 합니다. 예를 들어, "나는 지금 불편해"보다는 "나는 이 상황이 불공평하다고 느껴서 화가 났어"와 같이 구체적으로 표현해야 합니다.

### (2) 자기 중심적 감정 표현

자신의 감정을 타인의 행동이나 상황의 결과로 보지 않고, 자신의 감정에 대해 주체성을 갖고 책임을 지는 사고 습관을 함양해야 합니다. 예를 들어, "네가 나를 화나게 해" 대신 "너의 말을 듣고 화를 느끼고 있어"라고 표현하는 것입니다.

## (3) 감정의 원인 탐색 및 표현하기

또한 자신이 느끼는 감정의 근원을 이해하려고 노력해야 합니다. 자신의 감정이 왜 생겼는지, 어떤 상황이나 생각이 그 감정을 유발했는지를 탐색합니다. 이 과정은 매우 중요합니다. 감정의 출처를 아는 것은 해당 상황을 더 잘 파악하고 해결할 수 있도록 하기 때문입니다.

## (4) 비언어적 신호 인식하기

몸짓, 표정, 목소리의 톤과 같은 비언어적 신호들도 감정을 표현하는 데 중요한 역할을 합니다. 우리는 자신의 비언어적 신호가 어떻게 감정을 반영하는지 인식하고, 이를 조절하는 방법을 배워야 합니다. 현재 신체 움직임이 과도하게 빠르거나 목소리가 떨리지는 않으신가요? 우리는 이러한 신체적 움직임이 감정과 결부되어 있음을 지각해야 합니다.

## (5) 일관성 유지하기

또한 말과 행동이 일관성을 유지하도록 노력합니다. 자신이 느끼는 감정과 이를 표현하는 방식이 일치해야 진정성이 전달됩니다. 일관성을 맞추기 위해 이성적 두뇌를 사용할 필요는 없습니다. 그저 느낀 것을 그대로 표현하면 됩니다. 우리는 이러한 전략들을 통해 감정을 효과적으로 표현할 수 있습니다.

## 3. 감정 표현과 경계 설정

다음으로 주목할 부분은 감정 표현과 경계 설정에 대한 탐구입니다. 감정을 표현하는 것은 중요하지만, 이를 어떻게 하면 적절한 경계 내에서 할 수 있는지에 대한 이해도 필요합니다.

감정을 표현하는 것은 우리의 내면을 드러내는 행위입니다. 하지만, 감정을 표현할 때는 타인의 감정과 공간을 존중하는 경계를 설정하는 것이 중요합니다. 예를 들어, 분노를 느낄 때 그 감정을 표현하는 방식이 타인을 해치지 않도록 주의해야 합니다. 이는 감정 표현이 존중과 배려의 틀 안에서 이루어져야 함을 의미합니다.

또한 감정을 표현할 때는 개인적 공간에 대한 인식이 필요합니다. 각 개인은 자신만의 감정적 공간을 가지고 있으며, 이 공간 내에서 감정을 처리합니다. 예를 들어 슬픔을 느낄 때에, 이를 혼자 조용히 처리하고 싶어하는 사람이 있을 수도 있습니다. 이러한 개인적인 감정 공간을 존중하는 것은 감정 표현에서 중요한 부분입니다.

동시에, 타인의 감정에 대한 인식도 필요합니다. 우리의 감정 표현이 타인에게 어떤 영향을 미칠 수 있는지 고려하는 것 또한 중요합니다. 예를 들어, 우리의 분노는 타인을 두렵게 만들거나 감정을 상하게 할 수도 있습니다. 이는 감정 표현이 타인에게 미치는 영향을 고려해야 함을 나타냅니다.

감정 표현과 경계 설정은 우리가 자신의 감정을 효과적으로 관리하고, 타인과의 관계를 건강하게 유지하는 데 중요한 역할을 합니다. 이 과정을 통해 우리는 자신의 감정을 적절히 표현하면서도 타인의 감정과 권리를 존중할 수 있습니다. 이를 통해 우리는 자신의 감정을 더 잘 이해하고 관리할 수 있으며, 타인과의 관계를 강화할 수 있습니다. 이 과정은 우리가 자신의 감정을 적절히 표현하고, 타인과의 건강한 상호작용을 촉진하는 데 중요한 기초를 제공합니다.

## 4. 감정 표현의 시기와 방법 선택

우리가 감정을 표현하는 방법과 시기를 선택하는 것은 매우 민감하고 중요한 문제입니다. 이 과정에서는 자신의 감정을 언제, 어떻게 표현할지를 신중하게 고려해야 합니다.

가장 먼저, 감정을 표현하기에 앞서, 감정을 표현하는 데 적절한 상황인지 살펴보아야 합니다. 감정은 때와 장소를 가리지 않고 우리에게 영향을 미칠 수 있지만, 모든 상황에서 감정을 표현하는 것이 항상 적절한 것은 아닙니다. 업무 회의 중에 강한 분노나 슬픔을 표현하는 것은 주변 사람들에게 부담만을 줄 것입니다. 이는 감정을 표현하기에 적절한 시기를 선택하는 것의 중요성을 나타냅니다.

또한 감정을 표현하는 방법 역시 신중하게 고려해야 합니다. 감정의 강도와 종류에 따라 표현 방법을 달리하는 것이 중요합니다. 깊은 슬픔을 느낄 때는 조용한 대화가 적합하며 기쁨의 감정은 더 활발하고 열정적인 방식으로 표현되어야 합니다. 이는 감정 표현 방식이 상황과 감정의 성격에 적합해야 함을 의미합니다.

또한 감정을 표현할 때는 현재의 상황과 환경을 인식하는 것이 중요합니다. 감정을 표현하는 것이 타인에게 어떤 영향을 미칠지, 그리고 그 상황이 감정 표현에 적합한지를 고려해야 합니다. 격식 있는 사회적 행사에서는 감정 표현을 조금 더 절제할 필요가 있습니다. 이 또한 감정 표현이 상황에 적합해야 함을 나타냅니다.

마지막으로 감정을 표현하기 전에는 자신의 감정 상태를 정확히 파악하는 것이 중요합니다. 자신이 느끼는 감정의 근원과 강도를 이해하는 것이 감정을 적절하게 표현하는 데 도움이 됩니다.

감정 표현의 시기와 방법을 선택하는 것은 우리가 자신의 감정을 적절하게 관리하고, 타인과의 관계를 건강하게 유지하는 데 중요한 역할을 합니다. 이 과정을 통해 우리는 자신의 감정을 적절히 표현하면서도 타인의 감정과 상황을 존중할 수 있습니다.


## 5. 건강한 감정 소통 전략

### (1) 감정적 소통의 장애물 극복하기

감정적 소통에서의 장애물을 극복하는 것은 우리의 대인 관계에서 매우 중요한 과제입니다. 효과적인 소통은 우리의 일상 생활과 직장에서의 상호작용에 큰 영향을 미칩니다. 이 장애물을 인식하고 극복하는 방법을 배우는 것은 우리의 소통 능력을 향상시키고, 건강한 관계를 구축하는 데 큰 도움이 됩니다.

감정적 소통의 첫걸음은 자기 인식의 향상입니다. 우리 자신의 감정과 그 원인을 이해하려는 노력이 필요합니다. 우리가 특정한 방식으로 느끼고 반응하는 이유를 이해하는 것은, 우리가 감정적으로 어떻게 소통하는지를 파악하는 데 중요한 단계입니다. 우리의 감정은 우리의 생각과 행동에 큰 영향을 미칩니다. 자신이 느끼는 감정을 정확히 인식하고 이해함으로써, 우리는 더 효과적으로 소통할 수 있습니다.

또한, 타인의 관점을 고려하는 것도 중요합니다. 다른 사람들이 왜 특정한 방식으로 느끼고 행동하는지를 이해하려고 노력하는 것은 감정적 소통의 장애를 줄이는 데 도움이 됩니다. 상대방의 감정과 입장을 고려함으로써, 우리는 보다 깊이 있는 이해와 공감을 개발할 수 있습니다. 이는 상호 존중과 이해를 바탕으로 한 건강한 관계를 구축하는 데 중요한 역할을 합니다.

명확한 의사소통 또한 감정적 소통의 핵심입니다. 자신의 감정과 생각을 명확하고 직접적으로 표현하는 것은 오해를 줄이고, 상대방과의 소통을 개선하는 데 도움이 됩니다. 우리의 감정을 정확하게 표현하려는 노력은 감정적 소통에서 중요한 부분입니다. 이는 상대방에게 우리의 진정한 감정과 생각을 전달하고, 그들로 하여금 우리의 입장을 더 잘 이해하게 하는 데 도움이 됩니다.

또한 이를 위해선 공감 능력을 개발해야 합니다. 타인의 감정에 공감하는 능력은 상대방과의 관계를 강화하고, 감정적으로 연결될 수 있는 기회를 제공합니다. 상대방이 느끼는 감정을 이해하고 그에 대한 공감을 표현함으로써, 우리는 보다 깊이 있는 관계를 구축할 수 있습니다.

마지막으로, 갈등 해결 전략을 배우는 것도 중요합니다. 감정적 갈등 상황에서 효과적으로 대처하는 방법을 배우는 것이 감정적 소통의 장애를 극복하고 관계를 개선하는 데 도움이 될 것이라는 것에는 의심의 여지가 없습니다.

## (2) 감정을 존중하는 대화법

　서로의 감정을 존중하는 것은 타인을 대할 때 반드시 고려해야 할 사항입니다. 감정을 존중하는 대화법을 통해 우리는 타인의 감정을 이해하고 존중하는 법을 배울 수 있으며, 이는 건강한 관계 형성에 매우 중요합니다. 대화에서 감정을 존중하고 적절하게 반응하는 것은 상호 이해와 연결을 증진시키며, 관계의 깊이와 질을 향상시키기 때문입니다.

　감정을 존중하는 대화법에서 가장 핵심이 되는 요인은 바로 공감적으로 경청하는 것입니다. 대화하는 동안 상대방의 말에 집중하고, 그들의 감정에 공감을 표현함으로써 깊은 연결감을 형성할 수 있습니다. 이러한 노력은 상호간의 대화에서 중요한 가치를 창출합니다. 또한 이 과정에서 상대의 감정 또한 인정하는 자세가 필요합니다. 나의 감정만큼 상대의 감정도 소중하기 때문입니다. 상대방의 감정을 인정하고 그것을 유효하다고 받아들이는 것은 나와 대화하는 상대에게 안정감을 주고 대화를 더욱 생산적으로 만듭니다. '그렇게 느낄 만하다', '그 상황에서 그런 감정을 느낀다는 것을 이해 한다'와 같은 말은 상대방의 감정을 인정하고 존중하는 태도를 보여줍니다.

　이렇듯 비판 대신 이해를 보여주는 것은 매우 중요합니다. 상대방의 감정을 비판하기보다는 그들의 입장에서 상황을 바라보고 이해하려고 노력해야 합니다. 이런 태도는 대화 중 발생할 수 있는 갈등을 줄이고, 서로에 대한 이해를 높입니다. 이해와 동시에 피드백 또한 제공해야합니다. 적절한 피드백 제공은 상대방이 자신의 감정을 안전하게 표현할 수 있도록 격려할 것입니다. 하지만 피드백은 감정적인 언어를 사용하지 않고 논리적이며 냉정한 언어로 제공해야 합니다. 감정적 언어 사용을 자제하는 것은 대화를 더 객관적이고 진정성 있는 방향으로 이끌 수 있습니다. 감정적으로 과열된 대화를 피하고, 상황을 진정시키는 데 도움이 됩니다.

또한 전반적으로 자기 스스로를 통제하고 인내를 유지하는 것이 중요합니다. 감정이 고조되는 상황에서도 침착함을 유지하고, 상대방의 감정을 이해하려는 노력을 지속해야 합니다. 감정적인 대화에서 자기 통제를 유지하는 것은 상대방과의 관계를 강화하고 대화의 효과를 높입니다. 이러한 방법들을 통해 감정을 존중하는 대화법을 실천하면, 보다 건강하고 풍요로운 인간 관계를 구축할 수 있습니다. 감정을 이해하고 존중하는 대화법은 서로에게 긍정적인 영향을 미치며, 전반적인 삶의 질을 향상시키는 데 크게 기여할 것입니다.

# 03 PART

# 논리적으로
# 주장하기

# 01
## 논리 전개하기

### 1. 논리적 사고의 기본

### (1) 논리적 사고의 개념

논리적 사고는 말 그대로, 논리를 기반으로 한 사고방식입니다. 그런데 '논리'란 무엇일까요? 논리는 일련의 주장이나 생각이 서로 모순 없이 일관성을 이루며, 결과적으로 타당한 결론에 이르게 하는 사고의 구조입니다. 이는 건축가가 건물을 설계하는 것과 같습니다. 건축가는 먼저 튼튼한 기초를 마련하고, 이를 바탕으로 구조를 세워 나가며, 마지막에는 전체적인 조화와 기능을 고려합니다. 논리적 사고 역시 이와 유사한 과정을 거칩니다.

논리적 사고의 기본을 이해하는 것은 단순히 정보를 암기하거나 지식을 쌓는 것이 아닙니다. 이는 세상을 바라보고 이해하는 방식에 변화를 가져오는 과정입니다. 본 장에서는 논리적 사고의 개념을 깊이 있게 탐구하며, 이를 통해 어떻게 더 명확하고 일관된 사고를 할 수 있는지 설명하겠습니다.

## (2) 논리적 사고의 단계

　논리적 사고의 첫걸음은 사실과 정보의 기초를 마련하는 것입니다. 이는 집을 짓기 위해 필요한 자재를 준비하는 과정과 같습니다. 여기서 중요한 것은 정보의 질과 정확성입니다. 잘못된 정보나 사실이 기초가 된다면, 그 위에 세워진 모든 논리적 구조는 흔들릴 수밖에 없습니다.

　그 다음 정보의 기초가 마련되면, 다음은 이를 구조적으로 조합하는 과정입니다. 이는 블록을 쌓아 올려 형태를 만드는 것과 같습니다. 각각의 사실이나 정보는 블록처럼 서로 연결되어야 하며, 이 과정에서 모순이나 비논리적인 요소는 제거되어야 합니다. 여기서 중요한 것은 각 요소 간의 관계를 명확히 이해하고, 이를 합리적으로 배열하는 것입니다.

　마지막 단계는 논리적 구조를 바탕으로 결론을 도출하는 것입니다. 이는 건축된 건물이 실제로 기능을 발휘하는 단계와 비교할 수 있습니다. 여기서 중요한 것은 전체 구조가 얼마나 탄탄하고 일관된지, 그리고 최종적으로 어떤 결론이나 목표를 향해 나아가고 있는지를 평가하는 것입니다.

　논리적 사고는 단순히 '옳은' 결론을 도출하는 것 이상의 의미를 가집니다. 그것은 우리가 세상을 바라보는 방식, 문제를 해결하는 방법 그리고 의사소통하는 방식에 본질적인 변화를 가져오는 과정입니다. 이 과정을 통해 우리는 자신의 생각과 주장을 명확하고 일관되게 전달할 수 있게 됩니다.

　논리적 사고의 기본을 이해하는 것은 건축가가 건물을 설계하고 지을 때와 같이, 탄탄한 기초 위에 차근차근 구조를 세워나가는 과정임을 명심하십시오. 이를 통해 우리는 더욱 견고하고 효과적인 사고와 의사소통 능력을 개발할 수 있습니다.

## 2. 논리적 사고를 개발하는 법

논리적 사고를 개발하는 것은 정말 꾸준한 노력을 기울여야 합니다. 이는 정원을 가꾸는 것과 같습니다. 정원을 조성할 때는ㄴ 작은 씨앗을 심고, 꾸준히 물을 주고, 잡초를 제거하며, 적절한 햇빛과 영양분을 제공해야 합니다. 이렇게 꾸준한 관리와 노력을 통해, 결국 아름다운 꽃이나 열매를 맺게 됩니다. 논리적 사고 역시 마찬가지로, 지속적인 연습과 훈련을 통해 개발되고 성장합니다.

### (1) 지속적인 학습과 탐구

모든 자기 개발법이 그렇듯이, 논리적 사고의 개발을 위해서는 지속적인 학습과 탐구가 필요합니다 .논리적 사고의 기초는 지식과 정보에 있습니다. 다양한 분야의 지식을 학습하고, 새로운 정보에 대해 꾸준히 탐구하는 것이 중요합니다. 꾸준히 책을 읽고, 강연을 듣고, 토론에 참여해서 사고의 기초를 탄탄히 만드십시오.

### (2) 비판적 사고 연습

비판적 사고란, 받아들이는 모든 정보에 대해 의문을 가지고, 그 타당성을 평가하는 것입니다. 이는 정원사가 식물에 물을 주기 전에 토양의 습도를 확인하고, 필요한 양의 물을 결정하는 것과 같습니다. 일상생활에서 접하는 뉴스, 의견, 주장 등에 대해 비판적으로 생각해보고, 그 근거와 논리를 평가해보는 연습이 필요합니다.

### (3) 사고의 다양성 인정과 확장

논리적 사고를 계발하기 위해서는 다양한 관점과 사고방식을 인정하고 받아들이는 것이 중요합니다. 이는 정원에 다양한 종류의 식물을 심어 다양성을 높이는 것과 유사합니다. 다른 사람들의 의견을 경청하고, 다양한 관점에서 사물을 바라보며, 자신의 사고를 확장하는 것이 필요합니다.

### (4) 논리적 사고를 일상에 적용

논리적 사고는 일상생활 속에서 꾸준히 연습하고 적용할 때 진정한 효과를 발휘합니다. 이는 정원사가 매일 정원을 돌보며 식물의 성장을 관찰하고 관리하는 것과 같습니다. 일상적인 의사결정, 문제 해결, 대화에서 논리적 사고를 적용해보는 것이 좋습니다.

### (5) 반성적 사고

논리적 사고의 성장과 발달을 위해서는 자신의 사고방식과 결론에 대해 반성적으로 생각하는 것이 중요합니다. 이는 정원사가 자신의 정원 관리 방법을 되돌아보고, 필요한 개선점을 찾는 것과 유사합니다. 자신의 주장과 결론에 대해 되돌아보고, 가능한 한 객관적으로 평가하는 것이 필요합니다.

논리적 사고를 계발하는 과정은 단기간에 이루어지는 것이 아니라, 꾸준한 노력과 시간이 필요한 장기적인 과정입니다. 정원을 가꾸듯, 매일 조금씩 노력을 기울이고, 꾸준히 관리하면서, 논리적 사고의 능력을 키워나가는 것이 중요합니다. 이 과정을 통해 여러분은 더욱 명확하고 탄탄한 논리를 구축할 수 있으며, 이는 결국 여러분의 의사소통 능력과 문제 해결 능력을 크게 향상시킬 것입니다.

### 3. 일상생활에서의 논리적 사고 활용

논리적 사고의 활용은 일상생활에서도 매우 중요합니다. 우리는 매일 다양한 결정을 내리고, 문제를 해결하며, 타인과 의사소통을 합니다. 이 모든 과정에서 논리적 사고는 우리가 보다 명확하고 합리적인 결론에 도달할 수 있도록 돕습니다. 논리적 사고를 일상생활에 활용하는 것은 마치 조리법을 따라 요리하는 것과 같습니다. 조리법을 알고 있으면 어떤 재료를 사용해야 할지, 어떤 순서로 조리 과정을 진행해야 할지, 최종적으로 어떤 요리가 완성될지 예측할 수 있습니다. 논리적 사고도 마찬가지로, 상황을 분석하고, 정보를 정리하며, 최적의 결론을 도출하는 과정을 제공합니다.

### (1) 의사결정 과정에 논리적 사고 적용

우리는 매일 수많은 의사결정을 내립니다. 이를 테면, 어떤 제품을 구매할지, 어떤 음식을 먹을지, 어떤 경로로 출근할지 등이 있습니다. 이러한 결정들에 논리적 사고를 적용한다면, 우리는 각 선택의 장단점을 분석하고, 가능한 결과를 예측하며, 가장 합리적인 선택을 할 수 있습니다.

## (2) 문제 해결을 위한 논리적 사고 활용

일상생활에서 마주치는 문제들에도 논리적 사고의 활용은 중요합니다. 예를 들어 직장에서의 갈등이나 가정에서의 불화를 해결하는 데에도 논리적 사고는 큰 도움이 됩니다. 문제의 원인을 분석하고, 가능한 해결책을 고려하며, 각 해결책의 결과를 예측하는 과정은 여러분이 일상 생활에서 겪는 문제를 더 효과적으로 해결하도록 도와줄 것입니다.

## (3) 논리적 사고를 통한 의사소통 능력 향상

논리적 사고는 의사소통 능력을 향상시키는 데에도 중요한 역할을 합니다. 타인과의 대화에서 자신의 생각과 주장을 명확하게 전달하고, 타인의 주장을 이해하며, 합리적인 결론에 도달하기 위해서는 논리적 사고가 필수입니다.

## (4) 정보의 분석과 평가

우리는 매일 다양한 정보에 노출됩니다. 뉴스, 소셜 미디어, 대화 등을 통해 다양한 정보와 의견에 접합니다. 이러한 정보를 논리적으로 분석하고 평가하는 것은 우리가 정보의 질을 판단하고, 오해나 편견으로부터 자유로워지는 데에도 논리적 사고는 도움이 됩니다.

## (5) 감정 관리

결정적으로, 논리적 사고는 감정을 관리하는 데에도 중요한 역할을 합니다. 감정적으로 힘든 상황에 직면했을 때, 논리적 사고를 통해 감정과 사실을 분리하고, 감정을 보다 건설적으로 관리할 수 있습니다. 이것이 이성을 통해 감정을 관리하는 방법입니다.

논리적 사고를 일상생활에 활용하는 것은 우리의 삶을 보다 풍부하고 효과적으로 만들어줍니다. 우리는 논리적 사고를 통해 보다 명확하고 효과적인 결정을 내리고 문제를 해결할 수 있습니다. 따라서 논리적 사고의 활용은 단순한 사고 기술을 넘어서, 우리의 삶을 풍요롭게 하는 중요한 도구임을 인식하는 것이 중요합니다.

## 02
## 강력한 주장의 구조

강력한 주장을 만드는 과정은 튼튼한 건축물을 설계하고 건설하는 과정과 유사합니다. 건축에서는 튼튼한 기초, 견고한 구조, 그리고 명확한 목적이 필요합니다. 마찬가지로, 설득력 있는 주장을 구성하기 위해서는 명확한 주장(기초), 탄탄한 근거(구조), 그리고 분명한 결론(목적)이 필요합니다. 이러한 구조를 갖춘 주장은 듣는 이로 하여금 논리적이고 신뢰할 수 있는 메시지로 받아들여지게 합니다.

### 1. 강력한 주장의 구조: 주장, 근거, 결론

### (1) 주장: 튼튼한 기초

주장은 전체 논리 구조의 기초입니다. 이는 건물의 기초와 같아서, 주장이 명확하고 강력하지 않으면 전체 논리 구조가 무너질 위험이 있습니다. 주장은 여러분의 논지, 의견, 또는 신념을 명확하게 표현해야 합니다. 주장이 명확하지 않으면 논리적인 발화를 하기 어렵습니다. 근거와의 연관성을 접목하기 어려워지기 때문입니다. 주장은 여러분이 전달하고자 하는 중심 메시지이며, 이는 간결하고 이해하기 쉬워야 합니다. 주장이 명확할수록, 청중은 여러분의 메시지를 더 쉽게 이해하고 받아들일 것입니다.

## (2) 근거: 견고한 구조

근거는 주장을 지지하는 논리적이고 사실적인 정보, 데이터, 사례 등을 지칭합니다. 이는 건축물의 벽과 기둥과 같이 주장을 뒷받침하고 지지합니다. 근거 없는 주장은 허공에 떠 있는 구름과 같습니다. 강력하고 신뢰할 수 있는 근거는 주장을 실질적이고 설득력 있게 만들어 줍니다. 근거는 주장을 뒷받침하며, 청중이 여러분의 주장을 신뢰하게 만드는 기반을 제공합니다. 이 과정에서 주장과 근거 사이의 논리적 연결은 매우 중요합니다. 각 근거는 주장을 향해 논리적으로 이어져야 하며, 이 과정에서 모순이나 비논리적인 점은 제거되어야 합니다. 논리적 일관성은 주장의 설득력을 강화합니다.

## (3) 결론: 명확한 목적

결론은 전체 논리 구조의 목적지입니다. 이는 마치 건축물을 완성하는 지붕과 같습니다. 결론은 주장과 근거를 바탕으로 독자 또는 청중이 도달해야 하는 최종적인 사고의 지점입니다. 결론은 명확하고, 간결해야 하며, 전체 논리적 흐름을 완성하는 역할을 합니다. 마치 건축가가 건물을 마무리하며 지붕을 얹는 것처럼, 결론은 주장과 근거를 통해 건설된 논리의 구조를 완성시키는 역할을 합니다. 결론은 강력하고 명확해야 하며, 청중이 여러분의 주장을 기억하고, 필요한 행동을 취하도록 동기를 부여해야 합니다.

논리적인 주장의 구조를 이해하고 적용하는 것은 우리가 일상생활에서나 전문적인 상황에서나 효과적으로 의사소통하고 설득력 있게 자신의 입장을 전달하는 데 중대한 역할을 합니다.

주장, 근거, 결론의 구조를 이해하고 활용하는 것은 단순히 논리적인 사고의 틀을 넘어서, 우리의 의사소통을 보다 효과적이고 설득력 있게 만들어 줍니다. 우리는 명확한 주장, 탄탄한 근거, 그리고 분명한 결론을 가진 논리적 구조를 통해 자신의 의견과 아이디어를 효과적으로 전달할 수 있습니다.

## 2. 강력한 주장의 예시와 사례 분석

강력한 주장을 위한 구조적 접근법을 이해하기 위해, 실제 예시와 사례 분석을 통해 이 개념을 더욱 명확하게 파악해 보겠습니다. 여기서 우리는 특정한 상황에 대한 주장, 근거, 결론의 구조를 살펴보고, 이를 통해 강력한 주장을 위한 구조적 접근법을 이해해 나갈 것입니다.

### (1) 주장

재택근무는 직장인의 생산성을 향상시킨다.

주장은 논리 구조에서의 기초로, 명확하고 강력해야 합니다. 이 주장은 재택근무가 생산성에 긍정적인 영향을 끼친다는 명확한 주장을 제시합니다.

## (2) 근거

### 실제 사례 제시

여러 기업들이 재택근무 도입 후 생산성이 상승했다고 보고합니다. 예를 들어, S기업의 경우, 재택근무 도입 후 프로젝트 완료 속도가 30% 향상되었다는 보고가 있습니다.

### 연구 결과 제시

'M 경제 월간지'에서 발표된 연구에 따르면, 재택근무 직원들은 사무실에서 근무하는 직원들에 비해 25% 더 높은 생산성을 보였다고 합니다.

### 심리적 근거 제시

재택근무는 직원들에게 유연한 작업 환경을 제공하여 스트레스를 감소시키고, 이는 창의력 및 생산성 향상으로 이어진다는 심리학적 근거가 있습니다.

이 근거들은 주장을 뒷받침하는 견고한 구조로, 주장이 단순한 의견이 아닌 실제 사례, 연구 결과, 심리적 근거를 통해 신뢰성을 부여합니다.

## (3) 결론

따라서 기업들은 재택근무 정책을 적극적으로 고려하고, 필요한 자원과 지원 체계를 마련하여 재택근무의 효율성을 극대화할 필요가 있다.

이 결론은 주장과 근거를 통합하여, 청중이나 독자가 도달해야 할 최종적인 사고의 지점을 제시합니다. 주장과 근거를 통해 논리적으로 건설된 구조를 완성하고, 명확하고 간결한 메시지로 재택근무의 중요성과 필요성을 강조합니다.

    이 예시에서 강력한 주장의 구조는 명확한 주장, 신뢰할 수 있는 근거, 그리고 설득력 있는 결론을 통해 청중이나 독자를 설득하는 데 중요한 역할을 합니다. 이러한 구조는 논리적이고 체계적인 사고를 촉진하며, 효과적인 의사소통을 위한 기반을 마련합니다.

## 03
# 논증의 오류 피하기

논증의 오류를 이해하는 것은 논리적 사고를 발전시키는 데 매우 중요합니다. 이러한 오류를 피함으로써, 우리는 더 강력하고 설득력 있는 주장을 할 수 있습니다. 우리는 앞서, 대표적인 사고와 논증의 오류들을 살펴보았습니다. 이 장에서는 그러한 오류들을 식별하고, 방지하는 방법에 대해 탐구할 것입니다.

### 1. 오류를 식별하고 피하는 방법

논증의 오류를 식별하고 피하는 방법을 배우는 것은 우리가 건강하고 강한 논리적 사고를 유지하는 데 도움이 됩니다. 논증의 오류를 식별하고 피하는 방법을 배우는 것은 논리적 사고를 강화하고, 더 설득력 있는 의사소통을 가능하게 하는 중요한 과정입니다.

# (1) 논증의 오류를 식별하고 방지하는 방법

## ● 정보의 출처와 신뢰성을 검증하기

논증을 구성할 때 사용되는 정보의 출처와 신뢰성을 검증하는 것은 매우 중요합니다. 잘못된 정보가 예상하지 못한 손실을 초래할 수 있는 위험을 갖고 있기 때문입니다. 이는 의사가 진단을 내리기 전에 환자의 증상과 병력에 따라 약을 처방하는 것과 같습니다. 신뢰할 수 있는 출처에서 얻은 정보와 데이터를 사용하면, 오류를 범할 가능성을 줄일 수 있습니다.

## ● 논리적 사고의 구조 이해하기

또한 우리는 논리적 사고의 구조를 명확히 이해해야 합니다. 우리는 주장, 근거, 결론이 어떻게 서로 연결되는지 이해하고, 주장과 근거 사이의 논리적 일관성을 검토함으로써 오류를 식별할 수 있습니다. 따라서 앞에서 언급한 강력한 주장을 위한 구조적 접근법의 내용을 명확히 숙지하시기 바랍니다.

## ● 다양한 관점 고려하기

또한 한 가지 관점에만 치우치지 않고 다양한 관점을 고려하십시오. 훌륭한 경영자는 한 방향의 의견만 고려하지 않습니다. 여러 전문가의 의견을 듣고 종합적인 진단을 내립니다. 이처럼 다양한 관점에서 문제를 바라보면, 편향된 생각이나 일반화의 오류를 피할 수 있습니다.

## ● 감정과 사실을 구분하기

그리고 감정과 사실을 명확히 구분해야 합니다. 우리는 가끔 감정에 따라 명확히 객관적인 사실을 잘못된 것으로 오인하고는 합니다. 이때에는 감정이 인지적 오류를 주고 있음을 인식하고, 현재 고려하고 있는 사실의 정합성을 검토해보아야 합니다. 또한 주장에 할 때, 감정에 호소하는 것이 아니라 사실과 논리에 기반한 주장을 하는 것이 중요합니다.

## ● 반론을 고려하고 비판적으로 사고하기

또한 자신의 논증에 대한 반론을 고려하고 비판적으로 사고하십시오. 변호사는 자신의 주장에 대해 검사가 할만한 다양한 반론을 고려하며, 논리에 허점에 있는지 반복적으로 탐색합니다. 여러분은 자신의 주장을 논리적으로 설득하고 변호하는 변호사가 되어야합니다. 다양한 진단 가능성을 고려하고, 적절한 검사를 통해 최종 진단을 내리십시오. 자신의 논증을 비판적으로 검토하고, 반대 의견을 고려함으로써 더 강력하고 타당한 주장을 할 수 있습니다.

## ● 지속적으로 학습하고 연습하기

마지막으로, 지속적인 학습과 연습을 통해 논증의 오류를 식별하고 피하는 능력을 개발하십시오. 다양한 주제에 대해 논리적으로 사고하고, 토론하며, 논증을 구성하는 연습을 통해, 여러분은 오류를 피하고 더 나은 논리적 사고를 할 수 있게 됩니다.

논증의 오류를 식별하고 피하는 방법을 배우는 것은 단순한 지식의 습득을 넘어서, 우리의 사고와 의사소통 능력을 강화하는 과정입니다. 의사가 질병을 예방하고 치료하는 방법을 배우는 것처럼, 이 지식은 우리가 더 건강하고 강한 논리적 사고를 유지하는 데 도움을 줍니다. 지속적인 연습과 학습을 통해, 여러분은 더욱 강력하고 설득력 있는 논증을 개발할 수 있을 것입니다.

# 3. 실제 사례를 통한 오류 분석

　논증의 오류에 대한 사례를 이해하고 분석함으로써 오류 식별 방법에 대한 이해도를 효과적으로 높일 수 있습니다. 이 목차에서는 각 사례를 면밀히 조사하고, 오류의 원인을 찾아내며, 더 나은 논리적 사고를 위한 분석을 제시합니다. 이번 장에서는 실제 사례를 통해 논증의 오류를 분석하고, 이러한 오류가 어떻게 논리적 사고를 방해하는지 살펴보겠습니다.

## 예시 1 : 제품 광고에서의 오류 발생

**상황:** 한 화장품 광고에서 "이 크림을 사용하는 유명 연예인들은 젊어 보인다"라는 주장을 함

**오류 분석:** 이는 전형적인 '권위에 호소하는 오류'입니다. 연예인이 사용한다는 사실만으로 제품의 효과를 입증하는 것은 논리적으로 않습니다. 이 상황은 한 의사가 유명인이 추천하는 약을 환자에게 처방하는 것과 동일합니다. 유명인의 추천이 의학적 효과를 보장하지 않는 것처럼, 연예인의 사용이 제품의 효과를 보장하지 않습니다.

## 예시 2 : 정치 토론에서의 오류

**상황:** 정치 토론에서 한 후보가 상대방을 비난하며 "그의 과거 실수는 그가 유능한 지도자가 될 수 없다는 것을 증명한다"고 주장함.

**오류 분석:** 이는 '인신 공격' 오류입니다. 상대방의 과거 실수를 지적하는 것은 그의 현재 능력이나 정책과 무관합니다. 이는 한 학생이 시험에서 실수했다는

이유로 그 학생이 똑똑하지 않다고 결론짓는 것과 같습니다. 과거의 실수는 현재의 능력을 전적으로 반영하지 않습니다.

## 예시 3 : 건강 정보에서의 오류

**상황:** 한 건강 정보 사이트에서 "최근 감기에 걸린 사람들이 더 많이 아이스크림을 먹었다"며 아이스크림이 감기를 유발한다고 주장함

**오류 분석:** 이는 '원인과 결과의 오류'입니다. 아이스크림 섭취와 감기 사이의 직접적인 인과관계가 입증되지 않았습니다. 이 상황은 여름에 모기가 더 많이 나타나면서 아이스크림 판매가 증가하는 것을 보고, 아이스크림이 모기를 끌어들인다고 주장하는 것과 같습니다. 두 사건 사이에 명확한 인과관계가 없습니다.

## 04
## 감정과 논리의 조화

### 1. 감정적 표현과 논리적 설득의 균형

우리는 자기 주장을 할 때에 감정적 표현과 논리적 설득의 균형을 적절히 유지해야 합니다. 아리스토텔레스는 그의 저서 '수사학'에서 뛰어난 주장은 인격, 감성, 이성으로 이루어져 있다고 했습니다. 우리는 이런 요소들을 균형 있게 활용함으로써 더 설득력있는 주장을 할 수 있습니다. 이 장에서는 감정적 표현과 논리적 설득이 어떻게 균형을 이루며, 이를 통해 어떻게 효과적인 의사소통을 할 수 있는지 탐구해 보겠습니다.

### (1) 감정적 표현의 중요성

감정은 인간의 의사소통에서 중요한 역할을 합니다. 감정적 표현은 메시지에 열정과 진정성을 더하며, 청중과의 감정적 연결을 강화합니다. 예술가가 그림에 감정을 담아 더 깊은 감동을 전하는 것처럼, 우리도 언어에 감정적 표현을 담아 메시지에 생명력을 부여할 수 있습니다.

## (2) 논리적 설득의 필요성

논리적 설득은 감정적 표현을 뒷받침하는 데 필수적입니다. 논리는 주장을 구조적이고 타당하게 만들며, 청중이 주장을 이해하고 수용하도록 돕습니다. 이 부분에 대한 중요성은 충분히 언급하였기에, 짧게 정리하고 넘어가겠습니다.

## (3) 균형의 중요성

감정적 표현과 논리적 설득은 모두 중요합니다. 효과적인 자기 주장을 위해 우리는 둘 중 한 가지만 선택해서는 안됩니다. 따라서 감정 표현과 논리적 설득 사이의 균형을 맞추는 것은 매우 중요합니다. 감정만을 강조하면 메시지가 비논리적이고 주관적으로 느껴질 수 있습니다. 반면, 논리만을 강조하면 메시지가 차갑고 멀게 느껴질 수 있습니다. 마치 색상과 형태가 완벽하게 조화를 이루어야 예술작품이 완성되는 것처럼, 감정과 논리가 적절히 조화를 이룰 때 메시지는 가장 강력해집니다.

자기 주장의 관점에서 볼 때, 감정과 논리의 적절한 균형을 찾는 것은 상황과 청중에 따라 달라집니다. 우리는 메시지를 전달할 때 청중의 반응과 상황을 고려하여 감정과 논리의 비중을 조절해야 합니다. 이는 연습과 경험을 통해 발전될 수 있습니다.

감정적 표현과 논리적 설득 사이의 균형은 효과적인 커뮤니케이션의 핵심입니다. 이 균형을 이루기 위해서는 자신의 감정을 이해하고 표현하는 방법과 논리적으로 명확하고 구조적인 메시지를 구성하는 방법을 배워야 합니다. 이러한 능력은 경험과 연습을 통해 지속적으로 개발될 수 있으며, 이를 통해 여러분은 보다 효과적이고 설득력 있는 자기 주장 능력자가 될 수 있을 것입니다. 감정과 논리, 두 요소가 조화를 이룰 때, 여러분의 메시지는 가장 강력한 영향력을 발휘할 수 있습니다.

## 2. 감정과 논리의 균형을 찾는 법

감정과 논리의 상호작용은 의사소통에서 균형과 조화를 만들어내며, 보다 효과적인 메시지 전달을 가능하게 합니다. 이 장에서는 감정과 논리가 어떻게 상호작용하며, 상호작용이 우리의 의사소통에 어떤 영향을 미치는지 탐구해 보겠습니다.

### (1) 감정과 논리의 상호작용 강화하기

감정과 논리의 상호작용을 실제 의사소통에 적용하는 것은 청중의 반응과 상황을 고려하는 것에서 시작됩니다. 메시지의 목적에 따라 감정과 논리의 비중을 조절하며, 청중이 메시지를 어떻게 받아들일지 예측해야 합니다. 이는 연습과 경험을 통해 발전될 수 있으며, 이를 통해 보다 효과적인 의사소통을 할 수 있게 됩니다.

감정과 논리의 상호작용을 이해하고 적절히 적용하는 것은 강력하고 설득력 있는 의사소통의 핵심입니다. 이 두 요소가 조화를 이루면, 메시지는 더욱 생동감 있고 영향력 있는 것이 됩니다. 감정과 논리, 이 두 요소가 조화롭게 상호 작용할 때, 여러분의 메시지는 청중에게 깊은 인상을 남길 수 있습니다.

## (2) 균형 잡힌 주장을 위한 전략

감정과 논리의 균형 잡힌 주장을 위한 전략을 개발하는 것은 마치 재능있는 셰프가 다양한 재료의 맛을 조화롭게 결합하여 완벽한 요리를 만드는 과정과 유사합니다. 여기서 감정과 논리는 주장의 '맛'을 결정하는 다양한 재료와 같으며, 이들을 적절히 조화시키는 것이 중요합니다. 이 장에서는 감정과 논리를 균형있게 결합하여 효과적인 주장을 만들기 위한 전략에 대해 탐구해보겠습니다.

### ● 목적과 청중 이해하기

감정과 논리를 균형있게 사용하기 위해서는 먼저 메시지의 목적과 청중을 이해해야 합니다. 이는 셰프가 식사하는 사람들의 취향과 식사의 목적을 이해하는 것과 같습니다. 메시지의 목적이 감정적인 공감을 끌어내는 것인지, 아니면 논리적인 설득을 목표로 하는 것인지에 따라, 감정과 논리의 비중을 조절해야 합니다.

### ● 감정적 표현의 적절한 사용

감정적 표현은 메시지에 열정과 진정성을 더합니다. 하지만 과도하게 사용되면 주장이 감성적으로 치우칠 수 있습니다. 셰프가 향신료를 너무 많이 사용하면 요리의 균형이 깨지는 것처럼, 감정의 사용은 조심스럽게 해야 합니다. 이

야기나 사례를 통해 청중의 감정에 호소하되, 과장되지 않도록 주의합시다.

● 논리적 근거의 명확한 제시

논리적 근거는 주장을 객관적이고 신뢰할 수 있게 만듭니다. 데이터나 사실, 연구 결과 등을 사용하여 주장을 뒷받침하는 것이 중요합니다. 논리적 근거는 주장을 튼튼하고 설득력 있게 만들어줍니다.

감정과 논리를 조화롭게 결합할 때, 여러분의 메시지는 최대한의 영향력을 발휘할 수 있습니다. 지속적인 연습과 자기반성을 통해, 여러분은 감정과 논리를 균형있게 사용하는 데 능숙해질 수 있을 것입니다.

## 3. 감정을 논리로 전환하기

우리는 타인에게 효과적으로 의사를 전달하고 표현하기 위해 추상적인 개념인 감정을 언어로 논리화하여 타인에게 전달할 수 있습니다. 감정을 논리로 전환하는 기술을 자유자재로 사용한다면, 타인을 설득하고 자기 주장을 펼치는 것이 훨씬 쉬워질 것입니다. 감정을 논리로 전환하는 과정은 개인의 내적 감정을 구체적이고 이해하기 쉬운 논리적 표현으로 변환하는 과정입니다. 이 장에서는 감정을 논리로 전환하는 과정을 자세히 탐구해보겠습니다.

### (1) 감정의 논리화 과정

● 감정 인식과 명확화

감정을 논리로 전환하는 첫 단계는 자신의 감정을 정확히 인식하고 명확히 하는 것입니다. 1장과 2장에서 꾸준히 언급했던 것과 같이 자신이 느끼는 감정을 분명하게 인지하고, 그 원인을 이해하는 것이 중요합니다. 감정 인식은 성공적인 자기 주장을 위한 절대적인 전제 조건이라는 것을 망각해선 안됩니다.

● 감정의 원인 분석

감정의 원인을 분석하는 것은 감정의 논리화 과정에서 핵심적인 단계입니다. 여러분이 발화하기 전, 특정한 감정을 왜 느끼는지, 그 감정이 어떤 상황이나 사건에서 비롯되었는지를 분석하는 것은 감정을 논리화하기 위한 필수 조건입니다.

● 감정을 논리적 언어로 표현

감정을 논리적 언어로 표현하는 것은 감정을 외부 세계와 소통할 수 있는 형태로 변환하는 과정입니다. 감정을 인식하고 원인을 분석했다면 우리는 그것을 자연스럽게 언어화할 수 있습니다. 감정을 구체적인 사실, 사건, 경험과 연결하여 표현함으로써, 감정을 보다 명확하고 이해하기 쉬운 형태로 전달해야 합니다.

● 감정과 논리의 조화 찾기

감정을 논리로 전환한 후에는, 이를 기존의 논리적 주장과 조화롭게 결합하는 것이 중요합니다. 감정적 요소와 논리적 요소가 서로 보완하고 강화하도록 조율합니다.

● 연습과 반복을 통한 숙련

감정의 논리화는 연습과 반복을 통해 점차 숙련됩니다. 감정과 논리를 효과적으로 결합하는 능력은 시간의 흐름에 따른 경험을 통해 발전합니다. 다양한 상황에서 감정을 논리적으로 표현하는 연습을 통해, 이 기술을 점차 향상시킬 수 있습니다.

감정의 논리화 과정은 개인의 내면적인 감정을 외부 세계와 소통할 수 있는 강력한 도구로 변환하는 과정입니다. 이 과정을 통해, 여러분은 자신의 감정을 보다 명확하고 이해하기 쉬운 형태로 표현할 수 있으며, 이를 통해 더 효과적인 의사소통과 상호작용을 할 수 있습니다. 지속적인 연습과 자기반성을 통해, 여러분은 감정과 논리를 조화롭게 결합하는 데 능숙해질 수 있을 것입니다.

그럼 다음과 같은 구체적인 예시를 통해 감정과 논리를 통합에 대한 사례를 알아보겠습니다.

## 4. 감정과 논리의 통합 예시

### 예시 : 직장에서의 업무량 증가로 인한 스트레스 경험

업무량이 늘어난 후, 당신은 스트레스와 압박감을 느낍니다. 이 단계에서는 자신이 겪고 있는 감정을 "나는 현재 업무량으로 인해 많은 스트레스와 압박을 느끼고 있다"라고 분명하게 인식하고 인정합니다. **[감정 인식과 명확화]**

다음으로, 이러한 감정이 왜 생겼는지를 분석합니다. 예를 들어, "최근 업무의 증가로 인해 근무 시간이 길어졌고, 이로 인해 휴식 시간이 줄어들었다"라고 생각하며, 감정의 원인을 구체적으로 파악합니다.**[감정의 원인 분석]**

이제 이 감정을 논리적 언어로 전환합니다. "현재 업무량은 하루 10시간을 넘어가고, 이는 업무 효율성 감소와 건강에 부정적인 영향을 미친다"라고 표현할 수 있습니다.**[감정을 논리적 언어로 표현]**

이제 감정적 부분과 논리적 분석을 결합합니다. "업무량 증가로 인한 스트레스를 겪고 있어, 큰 스트레스를 받고 있다. 이것은 장기적으로 업무 효율성이 떨어지고 건강에 악영향을 미친다. 따라서 업무량을 조정하거나 업무 분담을 제안하여 이 문제를 해결하는 것이 필요하다"라고 결론지을 수 있습니다.**[감정과 논리의 조화 찾기]**

이러한 과정을 여러 상황에서 반복하면서, 감정을 논리적으로 표현하는 능력을 향상시킵니다. 이를 통해 자신의 감정을 이해하고, 그것을 효과적으로 관리하며, 의사결정 과정에 논리적으로 통합하는 능력을 강화할 수 있습니다.**[연습과 반복을 통한 숙련]**

## 05
## 비판적 사고와 주장

### 1. 비판적 사고의 기본 원칙

비판적 사고의 기본 원칙을 이해하고 숙지함으로써 자연스럽게 비판적 사고에 대한 규칙성을 습득할 수 있습니다. 이 장에서는 비판적 사고를 위한 기본 원칙을 알아보며, 이 원칙들이 어떻게 사고와 판단을 향상시킬 수 있는지 살펴보겠습니다.

### (1) 명확성 추구하기

비판적 사고의 첫 번째 원칙은 명확성을 추구하는 것입니다 정보나 주장, 그리고 논리적 결론이 명확해야 비판적으로 분석할 수 있습니다. 명확성이란 언어적으로 정의되어야 합니다. 이는 말과 글에서 사용되는 용어나 개념들이 명확하고 이해하기 쉬워야 함을 의미합니다. 용어가 모호하거나 다의성을 가지면 의사소통과 이해에 혼란을 야기할 수 있으며, 이는 비판적 사고 과정에서 오류로 이어질 수 있습니다. 따라서 비판적 사고를 하는 데 있어서 첫걸음은 사용하는 언어가 명확하고 구체적이며, 오해의 소지가 없도록 하는 것입니다.

## (2) 객관성 유지

비판적 사고에 있어 객관성을 유지하는 것은 매우 중요합니다. 자신의 선입견이나 주관적인 의견에 치우치지 않고, 사실과 증거에 기반하여 판단해야 합니다. 이를 위해서는 자신의 생각과 태도를 객관적으로 평가하는 능력이 필요합니다. 객관성은 사물이나 상황을 그 자체로 평가하며, 개인적 감정이나 편견을 배제하는 데 초점을 맞춥니다. 이는 복잡한 문제를 분석하거나 해결할 때 필수적인 요소로, 객관적인 접근을 통해 보다 신뢰할 수 있는 결론에 도달할 수 있습니다. 객관성을 유지하기 위해서는 다양한 관점을 고려하고, 여러 출처의 정보를 탐색하며, 주관적 감정이나 가치 판단을 배제해야 합니다.

## (3) 근거에 대한 탐구

강력한 비판적 사고를 위해서는 근거에 대한 깊은 탐구가 필요합니다. 주장의 근거가 되는 증거와 사실을 면밀히 검토합니다. 이 과정에서 중요한 것은 사용되는 증거의 출처, 신뢰성 그리고 관련성을 평가하는 것입니다. 각 주장이나 이론이 제시하는 근거들을 비판적으로 분석함으로써, 그 주장의 타당성을 판단할 수 있습니다. 또한 근거가 부족하거나 약한 주장을 식별하는 능력도 중요합니다. 강력한 근거에 기반한 주장은 비판적 사고의 과정에서 더욱 설득력을 가지며, 이를 통해 더욱 합리적이고 깊이 있는 결론에 도달할 수 있습니다.

## (4) 가정에 대한 질문

　주장이나 논리적 추론에 포함된 가정을 비판적으로 질문하는 것도 중요합니다. 무엇이 사실인지, 어떤 가정이 문제의 해결에 적합한지를 평가해야 합니다. 가정은 인식하지 못하는 사이에 우리의 사고와 판단에 영향을 미칩니다. 따라서 가정을 명시적으로 만들고, 그것들이 어떻게 주장이나 결론에 영향을 미치는지 이해하는 것이 중요합니다. 가정에 대한 질문은 비판적 사고의 과정에서 오류를 감지하고, 보다 견고한 논리적 기반을 구축하는 데 도움이 됩니다. 이를 통해 우리는 더욱 객관적이고 합리적인 사고를 할 수 있게 되며, 문제 해결과 의사 결정에 있어 더욱 효과적일 수 있습니다.

　비판적 사고의 이러한 기본 원칙들을 이해하고 적용하는 것은 사고의 깊이를 더하고, 보다 현명한 결정을 내리는 데 도움이 됩니다.

## 2. 주장 중 비판적 사고의 적용

　비판적 사고를 주장에 적용하는 것은 건축가가 건물을 설계하며 각 요소의 유기적 관계 분석을 통해 건축물의 기능과 안정성을 세부적으로 평가하는 것과 유사합니다. 건축가가 설계의 각 부분을 면밀히 검토하여 건물이 안전하도록 하는 것처럼, 주장에서 비판적 사고를 적용하면 주장을 보다 타당하고 설득력 있게 전개할 수 있습니다. 이 장에서는 주장에서 비판적 사고를 적용하는 방법에 대해 알아보겠습니다.

## (1) 주장의 명확성 검토

주장을 비판적으로 검토하는 첫 단계는 주장의 명확성을 확인하는 것입니다. 이는 건축가가 건물의 구조적 명확성을 확인하는 것과 같습니다. 주장이 무엇인지, 그 목적이 무엇인지 명확히 이해하고, 모호한 부분이나 애매한 표현을 찾아내어 명확하게 정의해야 합니다.

## (2) 근거와 증거 검토

또한 주장의 근거와 증거를 면밀히 검토하는 것이 중요합니다. 이는 건축가가 재료의 질과 안정성을 검토하는 것과 유사합니다. 사용된 근거가 객관적이고 신뢰할 수 있는지, 충분한 증거에 기반하고 있는지를 비판적으로 평가합니다.

## (3) 가정과 전제 비판적 분석

주장에 포함된 가정과 전제를 비판적으로 분석합니다. 이는 건축가가 설계에 쓰이는 자재들이 현실적으로 사용성이 있는지, 건축에 사용할 수 있는지를 분석하는 것과 유사합니다. 주장의 기본 가정이 합리적이고 타당한지, 또는 오류나 편향을 포함하고 있는지를 검토합니다.

## (4) 반대 의견과 주장 고려

각 주장에 대해 반대 의견이나 다른 주장을 고려하는 것도 중요합니다. 이는 건축가가 다양한 설계 옵션을 고려하고 비교하는 것과 같습니다. 대안적인 관점이나 반대 의견을 검토하여 주장의 강점과 약점을 평가합니다.

## (5) 결론의 타당성 평가

마지막으로, 주장의 결론이 전체적인 논리와 근거에 기반하여 타당한지를 평가합니다. 이는 건축가가 최종적으로 건물의 기능성과 안전성을 평가하는 것과 유사합니다. 우리는 결론이 논리적으로 일관되고 근거에 기반한 것인지를 확인해야 합니다.

비판적 사고를 주장에 적용하는 것은 타당성과 신뢰성을 높이는 과정입니다. 각 단계를 신중하게 검토함으로써, 여러분은 보다 강력하고 설득력 있는 주장을 만들 수 있습니다.

이와 같이 비판적 사고를 통한 주장은 탄탄한 근거와 명확한 논리 구조를 바탕으로 구성됩니다. 또한 언급한 비판적 사고를 기반으로 어떻게 효과적인 주장을 만들 수 있는지 구체적인 예시를 통해 알아보겠습니다.

## 3. 비판적 사고를 통한 효과적인 주장 예시

## 예시 1 : 학교 내 스마트폰 사용 허가

"존경하는 생님들과 사랑하는 학우 여러분,

오늘 저는 우리 학교에서의 스마트폰 사용 금지 정책에 대해 이야기하고자 합니다. 제가 여러분께 전달하고자 하는 주장은 바로 학교에서 스마트폰 사용을 금지하는 것은 학생들의 학습과 커뮤니케이션 기회를 제한한다는 것입니다.

=> 주장의 명확성 : '학교에서 스마트폰 사용을 금지하는 것은 학생들의 학습과 커뮤니케이션 기회를 제한한다'는 명확한 주장을 제시합니다. 이 주장의 목적은 학생들의 교육적 자율성과 정보 접근성을 강조하는 것입니다.

우리는 현대 사회에서 스마트폰이 단순한 통신 도구를 넘어서 교육적 자료와 정보에 쉽게 접근할 수 있는 수단임을 인지해야 합니다. 연구 결과에 따르면, 스마트폰은 학생들이 다양한 학습 자료를 탐색하고 지식을 확장하는 데 큰 도움이 됩니다. 또한, 스마트폰을 활용한 현대 교육 방식은 학생들의 창의성과 비판적 사고를 촉진시킬 수 있습니다

=> 근거와 증거 검토 : 주장을 뒷받침하기 위해, 스마트폰이 교육적 자료와 정보에 쉽게 접근할 수 있게 해준다는 연구 결과와 사례를 제시했습니다. 또한, 스마트폰을 활용한 현대 교육 방식의 효과성에 대한 증거를 들어 이 주장을 강화했습니다.

스마트폰이 학습 도구로서 긍정적인 역할을 할 수 있다는 기본 가정은 우리는 스마트폰을 통해 협력적 학습을 촉진하고, 정보를 공유하며, 세계와 연결될 수 있다는 사실로 뒷받침됩니다. 그러나 이를 위해 적절한 사용 지침과 교육이 필요합니다. 스마트폰이 학업에 방해가 될 수도 있기 때문이지요.

=> 가정과 전제 비판적 분석: 이 주장의 기본 가정은 스마트폰이 학습 도구로서 긍정적인 역할을 할 수 있다는 것입니다. 주장에 담긴 가정을 비판적으로 분석하여, 스마트폰이 현대 교육에 미치는 긍정적인 영향을 강조합니다.

하지만 단지 일부의 측면만을 고려해 스마트폰 사용을 완전히 금지하는 것은, 우리가 이러한 현대 기술의 이점을 누리는 것을 막을 뿐만 아니라, 우리 학생들이 디지털 시대에 필요한 기술을 배우는 것을 제한합니다. 이는 정보 접근성과 협력적 학습 기회를 제한하는 것입니다.

**=> 반대 의견과 주장 고려: 스마트폰 사용 금지 정책을 지지하는 반대 의견을 고려합니다. 그러나 이러한 반대 의견이 학생들의 정보 접근성과 협력적 학습 기회를 제한한다는 점을 지적하며, 주장의 강점을 부각시킵니다.**

따라서 제 결론은 명확합니다.'학교에서 스마트폰 사용을 적절히 허용하고 관리함으로써, 우리는 학생들의 학습 효과를 높이고, 정보 접근성을 향상시킬 수 있습니다. 이는 제시된 근거와 논리적 추론을 기반으로 하며, 우리 학교와 학생들에게 실제적인 혜택을 가져다 줄 것입니다. 감사합니다."

**=> 결론의 타당성 평가: "학교에서 스마트폰 사용을 적절히 허용하고 관리함으로써 학생들의 학습 효과를 높이고, 정보 접근성을 향상시킬 수 있다"는 결론에 도달했습니다. 이 결론은 제시된 근거와 논리적 추론을 기반으로 하며, 전체적인 주장의 타당성을 강화합니다.**

# 04 PART

## 자기 주장
## 지속적으로 계발하기

## 01
## 자기 성찰을 통한 자기 인식의 지속적 향상

우리는 이미 자기 주장을 위한 다양한 방법을 배웠습니다. 이제 이러한 기술들을 스스로 연습하고 숙련시키는 단계로 나아가야 합니다. 이 장에서는 그동안 배운 사고와 방법들을 일상생활에 적용하고 연습하는 방식과 이러한 기술을 습관으로 만들 수 있는 구체적인 방법을 제시할 것입니다.

자기 주장 능력을 계발하는 과정에서 먼저 해야 하는 것은 감정과 사고를 안정적으로 유지하는 연습입니다. 이는 전체적인 과정에서 가장 중요한 부분을 차지합니다. 우리는 자신의 주장과 판단 수준을 결정짓는 가장 큰 요인이 바로 감정과 사고니까요.

감정과 사고를 효과적으로 다스리는 가장 효과적인 방법이 바로 자기 성찰입니다. 올바른 방법을 통해 실행된 자기 성찰을 통해 우리는 자신의 감정적 요인에 의해 지배받지 않고 더욱 명확하고 합리적인 사고를 할 수 있습니다. 따라서, 감정의 영향을 최소화하고 더욱 균형 잡힌 사고를 위해 자기 성찰을 꾸준히 실천하는 것이 중요합니다.

## 1. 내면의 목소리 듣기: 자신의 느낌과 생각 탐색

자신의 느낌과 생각을 탐색하는 것은 자기 성찰의 핵심적인 부분입니다. 조용한 숲속을 거닐며 자신의 내부 목소리에 귀 기울일 때 자신의 생각과 감정이 명확히 드러나듯, 우리는 안정된 심리 상태와 함께 내면의 목소리에 귀 기울임으로써 자신의 진정한 느낌과 생각을 깊이 이해할 수 있습니다.

하지만 내면의 목소리라는 말은 사실 조금 애매합니다. 내면의 목소리는 정확하게 무엇을 의미할까요?

내면의 목소리란 자신이 지금 느끼고있는 감각적 실체입니다. 이 감각적 실체란 감각에 의해 반자동적으로 지각되고 있는 느낌입니다. 우리는 이 느낌을 형성하는 구성요소인 감정과 사고를 인식함으로써 내면의 목소리를 탐색하는 자기 성찰 활동을 시작할 것입니다.

따라서 우선 내면의 목소리를 탐색하기 전, 자기 성찰을 위해 우리는 먼저 감정과 사고의 복잡한 관계를 이해해야 합니다. 감정은 종종 우리의 사고와 판단에 영향을 미칩니다. 반면에, 우리의 생각과 믿음은 우리의 감정 상태를 형성하고 변화시킬 수도 있습니다. 이 두 요소 사이의 상호 작용은 내면의 목소리를 이해하는 데 중요한 열쇠입니다.

우리는 먼저 감정을 인식하고 이름을 붙이는 것에서 감정에 대한 성찰을 시작할 수 있습니다. 기쁨, 슬픔, 분노, 두려움 등 감정을 정확하게 인식하고 이름을 붙이면, 그 감정이 우리 내부에서 어떤 생각과 연결되어 있는지 파악하기 더 쉬워집니다. 감정을 인식하고 이름을 붙이는 것은 감정에 휩쓸리지 않고, 그 감정을 관리하고 이해하는 데 필수적인 단계입니다.

다음으로, 우리는 우리의 생각을 탐색할 수 있습니다. 우리가 하는 생각들은 대부분 우리의 특수한 상황에서 기인한 의문점들입니다.

'어떤 생각이 우리의 마음속에 자주 떠오르는가?'

'그 생각들이 우리의 감정과 어떻게 연결되어 있는가?'

이러한 생각을 관찰하고 분석함으로써 우리는 더 깊이 자신을 이해하고, 더 나은 결정을 내릴 수 있는 토대를 마련할 수 있습니다.

이러한 자기 성찰 과정은 쉽지만은 않은 과정일 수도 있습니다. 우리의 감정과 생각은 때로는 불편하고, 때로는 예상치 못한 방향으로 우리를 이끌 수 있기 때문입니다. 하지만 이런 자기 탐색은 우리가 더 성숙하고, 강인하며, 자신감 있게 성장하는 데 필수적입니다. 내면의 목소리에 귀 기울이고, 감정과 생각을 탐색함으로써, 우리는 자기 자신을 더 깊이 이해하고, 우리 삶을 더욱 의미 있고 충실하게 만들 수 있습니다.


## 2. 내면의 목소리를 듣는 구체적인 방법

이처럼 내면의 목소리를 듣는 것은 자기 자신에 대한 깊은 이해와 자기 인식을 향상시키는 데 중요합니다. 그렇다면 우리의 감정과 사고를 인식해 내면의 목소리를 듣는 방법을 살펴보겠습니다.


### (1) 명상을 통한 내적 감각 인식

명상은 마음을 진정시키고 집중력을 향상시키는 과정입니다. 이는 현재의 순간에 집중하며, 자신의 생각과 감정, 신체적 감각을 판단 없이 관찰하는 것입니다. 이러한 실천은 자기 인식을 높이고, 내면의 목소리에 더 잘 집중할 수 있도록 도와줍니다.

매일 정해진 시간에 조용한 장소에서 앉아서 호흡에 집중하는 것만이 명상을 실천하는 길은 아닙니다. 우리는 일상의 모든 활동에서 현재에 집중함으로써 명상을 실천할 수 있습니다. 예를 들어 식사할 때, 입 안에서 형태가 변하는 음식을 인식하며 그 순간의 감각과 경험에 집중하려고 노력해보십시오. 우리는 온전히 그 행위 자체에 집중함으로써 명상이 주는 효과를 받을 수 있습니다.

## (2) 자기 반성

자기 반성은 자신의 행동, 생각, 감정을 되돌아보고 분석하는 과정입니다. 이를 통해 자신의 내면을 더 깊이 이해하고, 자신의 강점과 약점을 인식할 수 있습니다.

하루가 끝나기 전, 그 날 있었던 다양한 활동들을 회고합니다. 이러한 활동을 통해 발생한 사건, 자신의 반응 그리고 그 이유에 대해 깊이 생각해보고, 그것들에서 배울 점을 찾습니다. 이 과정이 중요한 이유는 회고하지 않으면 휘발되어 버리는 경험과 통찰을 온전히 자기 것으로 만들 수 있기 때문입니다.

## (3) 질문을 통한 탐색

스스로에게 질문을 던지는 것은 자신의 내면을 탐색하고 심도 있는 이해를 얻는 데 도움이 됩니다. 이 방법은 자기 인식을 높이고, 자신의 진정한 욕구와 목표에 대해 명확하게 하는 데 중요합니다.

매일 스스로의 행동과 결정에 대한 몇 가지 깊이 있는 질문을 던지십시오. 예를 들어, "오늘 나를 가장 행복하게 만든 것은 무엇인가?", "나의 가장 큰 걱정은 무엇인가?", "내가 진정으로 원하는 것은 무엇인가?", "나는 왜 그러한 행동을 했는가?"와 같은 질문을 통해 자신의 감정과 욕구를 탐색합니다.

이러한 방법들은 꾸준한 연습과 반성을 통해 내면의 목소리를 듣고, 자신의 생각과 감정을 더 잘 이해하는 데 도움을 줄 수 있습니다.

## 02
## 경험을 통한 학습: 과거 경험을 통한 자기 이해와 성찰

누구나 과거의 경험으로부터 새로운 것을 배우는 천재적인 능력을 갖고 있습니다. 우리는 자기 주장 영역 뿐만 아니라 앞으로 수많은 영역에서 수없이 실패할 것입니다. 이러한 경험으로부터 무언가를 효율적으로 배우는 시스템을 만들 수 있다면 과거를 후회나 미련의 대상이 아니라 발전적 수단으로써 바라볼 수 있을 것입니다. 과거의 사례를 참고해 미래의 방향성을 모색하는 역사학자처럼, 과거의 경험을 통해 자신의 내면을 탐색하고 이해하는 것은 자기 성찰의 중요한 부분입니다. 그것을 위해서 먼저 우리는 과거의 경험을 탐색할 것입니다. 그 뒤 경험에서 얻은 통찰을 현재에 적용하는 방법에 대해 탐구해보겠습니다.

# 1. 과거 경험의 탐색

## (1) 자신의 이야기 되돌아보기

자신의 삶을 이야기의 형태로 바라보면서, 자신에게 중요했던 사건들과 그 사건들이 자신의 삶에 미친 영향을 깊이 있게 탐색합니다. 이 과정은 마치 한 고고학자가 발굴 현장에서 중대한 발견을 하는 것처럼, 자신의 삶 속에서 의미 있고 중요한 순간들을 찾아내고 그 순간들이 자신의 인생에 어떠한 의미를 가지는지를 발견하는 여정입니다. 이러한 탐색을 통해, 자신의 경험들을 보다 명확하게 이해하고, 그 경험들이 현재의 자신을 어떻게 형성했는지를 파악할 수 있습니다.

## (2) 감정과 반응의 분석

그 후 특정 사건이나 경험을 통해 느꼈던 감정들과 그 감정들이 자아낸 반응들을 철저히 분석해야 합니다. 이러한 분석은 자신의 감정적 패턴과 반응 방식을 더욱 깊이 이해할 수 있는 기회를 제공합니다. 이 과정에서, 각각의 경험이 자신에게 어떠한 감정적 반응을 일으켰는지 그리고 그 반응들이 자신의 행동과 생각에 어떤 영향을 미쳤는지를 면밀히 살펴봅니다. 이는 자기 자신의 내면을 들여다보고, 자신의 감정과 행동의 근원을 이해하는데 큰 도움이 되는 과정입니다.

## 2. 교훈과 통찰의 발견

### (1) 경험에서 배운 교훈

각각의 경험을 통해 얻은 교훈을 신중하게 발굴하고 분석합니다. 이 과정에서 과거의 사건들이 주는 깊은 지혜와 통찰을 이해하게 되며, 이는 앞으로의 삶을 더욱 풍요롭고 의미 있게 만드는 중요한 기초가 됩니다. 각 경험은 다양한 교훈을 내포하고 있으며, 이러한 교훈들은 과거의 시행착오와 성공에서 얻은 지혜를 바탕으로, 앞으로 마주할 상황에 대한 더 나은 판단과 결정을 내리는 데 큰 도움을 줄 수 있습니다.

### (2) 자기 인식의 증진

과거의 경험을 자세히 되돌아보면서, 자신의 성격, 가치관, 그리고 행동 양식에 대한 깊은 인식을 얻을 수 있습니다. 이 과정은 자신에 대한 이해를 넓히고, 자기 자신을 더 잘 관찰하고 평가할 수 있는 능력을 향상시킵니다. 자신의 과거 행동과 결정이 현재의 자신에게 어떤 영향을 미쳤는지를 이해함으로써, 자신의 강점과 약점을 명확히 파악하고, 이를 바탕으로 개인적 성장과 발전을 도모할 수 있습니다. 이러한 자기 인식의 증진은 자신의 삶을 더욱 책임감 있고 의미 있게 만드는 데 중요한 역할을 합니다.

## 3. 과거 경험을 현재에 적용하기

### (1) 현재 삶에의 적용

이 단계는 과거의 경험과 그로부터 얻은 교훈을 현재의 상황과 결정에 신중하게 적용하는 과정입니다. 이는 과거의 경험이 현재의 삶에 주는 영향을 실질적으로 활용하고, 그로부터 얻은 교훈을 바탕으로 현재의 삶을 더 풍부하고 의미 있게 만드는 것입니다. 이 과정을 통해, 과거의 성공과 실패에서 얻은 지혜를 현재의 상황에 적절히 적용함으로써, 더 나은 결정을 내리고, 현재의 삶을 더욱 효과적으로 개선할 수 있습니다.

### (2) 행동과 태도의 변화

이 단계는 과거의 경험에서 얻은 통찰을 바탕으로 행동과 태도에 실질적인 변화를 주는 것입니다. 이는 자신의 삶을 보다 긍정적이고 건설적인 방향으로 이끌 수 있는 중요한 기회로 작용합니다. 과거 경험을 통한 깊은 자기 이해와 성찰은 자신의 내면을 더 깊이 탐색하고, 이를 통해 개인적 성장과 발전을 이루는 데 중요한 역할을 할 수 있습니다. 과거의 경험은 우리가 누구인지, 왜 그렇게 행동하는지에 대한 중요한 통찰을 제공하며, 이를 통해 더 현명하고 의미 있는 삶을 살아갈 수 있습니다. 이 과정에서, 자신의 생각과 행동을 신중하게 평가하고, 필요한 변화를 적용함으로써 자신의 삶에 긍정적인 변화를 가져올 수 있는 기회를 마련해야 합니다.

## 03
## 의식적 행동변화 유지 : 목표 달성 및 습관 형성하기

성공적으로 능력을 개발하는 것은 의식적인 행동 변화를 필요로 합니다. 본 장에서는 목표 달성을 위한 구체적인 행동 계획을 수립하고 실행하는 과정을 세밀하게 다룰 것입니다. 효과적으로 행동 계획을 수립하는 것은 어떠한 과정을 필요로 할까요? 가장 먼저 해야할 것은 구체적인 목표를 설정하는 것입니다. 그 뒤, 우리는 목표를 달성하기 위해 필요한 단계별 행동 계획을 수립할 것입니다. 하지만 계획만 세워서는 안됩니다. 행동을 실제로 실행하고 그 성과를 판단해야하겠죠. 이 과정에서 성과가 기대치에 미치지 못했다면 유연성을 발휘해 계획을 수정하고 적용해야 합니다. 이 장에서는 목표들 달성하고 목표 달성을 위한 습관 형성법에 대해 알아보겠습니다.

# 1. 목표 달성을 위해 구체적인 행동 계획 수립하기

## (1) 구체적 목표 설정하기

목표 달성을 위해 가장 먼저 해야 할 일은 구체적인 목표를 설정하는 것입니다. 이는 등산가가 정상을 향해 나아가기 전에 명확한 목적지를 정하는 것과 같습니다. 예를 들어, "더 자신감 있게 말하겠다"는 추상적인 목표입니다. 이를 "1개월 내에 팀 회의에서 3번 이상 의견을 제시하겠다"와 같이 구체적으로 바꾸십시오. 이렇게 목표를 구체화함으로써, 달성 가능성을 높이고 명확한 방향을 제시할 수 있습니다.

## (2) 단계별 행동 계획 수립

목표를 설정한 다음에는 이를 달성하기 위한 단계별 행동 계획을 수립해야 합니다. 이때 각 단계는 구체적인 행동으로 구성되어야 합니다. 예를 들어, 회의에서 의견을 제시하기 위해 필요한 것들을 나열하고 이를 위한 연습 방법, 필요한 자료 조사, 시뮬레이션을 통한 연습 등을 미리 계획 해두어야 합니다.

## (3) 행동의 실행과 모니터링

계획을 세운 후에는 행동으로 옮겨야 합니다. 목표를 향해 나아가기 위해 계획된 행동들을 일정에 따라 차근차근 실행하고, 각 단계에서의 진행 상황을 지속적으로 확인합니다. 이 과정에서 중요한 것은 계획의 실행뿐만 아니라 그 과정에서의 학습과 조정입니다.

## (4) 유연성과 적응력

목표 달성 과정에서 우리는 예상치 못한 장애물과 도전에 직면할 수 있습니다. 유연성을 가지고 상황에 맞게 계획을 조정하고 적응하는 능력이 중요합니다. 계획이 항상 완벽하게 진행되지는 않으므로, 필요에 따라 전략을 수정하고 새로운 방향을 설정할 수 있어야 합니다.

## (5) 피드백과 개선

목표 달성과정에서는 항상 지속적인 자기 평가와 피드백이 필요합니다. 달성한 결과와 그 과정을 평가하고, 필요한 경우 개선점을 찾아 수정합니다. 이 과정에서 타인의 피드백을 받는 것도 중요합니다. 다른 사람의 시각에서 받은 조언과 피드백은 목표 달성 과정을 보다 효과적으로 만들어줄 것입니다.

## (6) 장기적인 관점 유지

마지막으로, 장기적인 관점을 유지하는 것이 중요합니다. 목표 달성은 하룻밤 사이에 이루어지지 않습니다. 장기적인 관점에서 목표를 바라보고, 필요한 경우 목표를 조정하며, 지속적으로 발전하는 자세를 가지는 것이 중요합니다.

이러한 의식적 행동 변화의 과정을 통해, 여러분은 성공적인 자기주장을 위한 길을 닦아나갈 수 있습니다. 이 과정은 여러분이 목표를 설정하고, 그것을 달성하기 위한 행동 계획을 수립하고, 실행에 옮기는 것을 포함합니다. 이 과정은 실천하기 어려울 수도 있겠지만, 목표를 향한 여러분의 의지와 노력이 결국 성공으로 이끌 것입니다.

## 2. 습관을 형성하고 유지하기

성공적인 자기주장의 길은 의식적인 행동 변화와 긍정적인 습관 형성에서 시작됩니다. 습관은 우리 일상의 큰 부분을 차지합니다. 긍정적인 습관은 우리의 목표 달성과 개인적 성장에 반드시 필요한 요인입니다. 반면, 부정적인 습관은 우리의 발전을 방해할 것입니다. 이 장에서는 건강한 습관을 형성하고 유지하는 방법을 살펴보겠습니다.

### (1) 작은 습관부터 시작하기

건강한 습관을 형성하는 첫 걸음은 작은 습관에서 시작하는 것입니다. 이는 작은 씨앗을 심어 점차 큰 나무로 성장시키는 것과 같습니다. 예를 들어 아침형 인간이 되기 위해, 매일 아침 10분 일찍 일어나 명상을 하는 것부터 시작할 수 있습니다. 이 작은 습관은 점차 삶에 긍정적인 영향을 미칠 것입니다.

### (2) 일관성 유지하기

습관을 형성하기 위해서는 일관성이 필요합니다. 이는 마치 꾸준히 정원에 물을 주어 꽃을 피우는 것과 같습니다. 예를 들어, 매일 정해진 시간에 특정 활동을 하는 것은 습관을 강화하는 데 도움이 됩니다. 일관성 있는 반복은 새로운 습관을 우리 일상의 일부로 만듭니다.

## (3) 동기 부여와 자기 인식

습관을 유지하려면 동기 부여가 중요합니다. 왜 이 습관을 형성하려 하는지, 그것이 달성하고자 하는 목표와 어떻게 연결되는지 스스로에게 물어보세요. 명확한 목표와 동기는 습관을 유지하는 데 필수적입니다.

## (4) 환경 조성하기

습관을 성공적으로 형성하고 유지하기 위해서는 적절한 환경이 필요합니다. 이는 식물이 자라기 위해 적절한 햇빛과 토양이 필요한 것과 같습니다. 예를 들어, 운동을 습관으로 만들고 싶다면, 운동화를 보이는 곳에 두어 운동할 때마다 보이도록 하세요. 적절한 환경은 우리가 새로운 습관을 유지하는 데 도움을 줍니다.

## (5) 습관의 강화

습관을 강화하기 위해서는 긍정적인 보상과 동기가 필요합니다. 예를 들어, 연속으로 일주일 동안 명상을 했다면, 자신에게 작은 보상을 주세요. 이러한 긍정적인 강화는 습관을 더욱 견고하게 만듭니다.

## 04
## 자아 정체성 강화하기 :자아 탐색과 자기 존중감 증진

### 1. 자아 정체성의 탐색 및 확립하기

이 장에서는 개인적 가치와 신념에 기반한 자아 정체성을 탐색하고 확립하는 방법을 살펴볼 것입니다. 이 과정은 자신의 내면 깊은 곳에 숨겨진 보석을 발견하고, 그것을 세상에 드러내는 과정입니다.

### (1) 자아 탐색의 중요성

자아 정체성을 탐색하는 과정은 자기 자신을 깊이 이해하고 진정한 모습을 찾아가는 단계입니다. 이 과정에서 개인은 자신의 내면 깊숙이 자리 잡고 있는 가치, 신념, 열정, 강점, 약점 등을 면밀히 들여다보고 탐색해야 합니다.

자아 탐색은 자신의 정체성을 명확히 하고, 이를 통해 개인이 진정으로 추구하는 바가 무엇인지, 자신의 삶에서 무엇을 가장 가치 있게 여기는지를 이해하는 데 도움을 줍니다. 이는 자신의 내면적인 면모와 외면적인 행동 사이에 일관성을 찾고, 자신의 삶을 보다 목적 의식 있게 이끌어갈 수 있는 기반을 마련합니다.

## (2) 개인적 가치와 신념의 발견

　개인적 가치와 신념을 발견하는 것 또한 자아 정체성 형성의 중요한 부분입니다. 이 과정은 자신만의 독특한 가치관과 신념 체계를 성찰하고 발견하는 과정과도 같습니다. 우리는 과거의 경험과 사회적 상호작용을 통해 자신만의 가치관과 신념이 어떻게 형성되었는지를 탐색하고, 이러한 가치와 신념이 자신의 삶에 어떤 의미를 가지는지를 깊이 있게 이해해야 합니다. 이 과정은 자신의 정체성을 보다 명확하게 하고, 자신이 진정으로 중요하게 생각하는 것들에 대한 깊은 이해를 가능하게 함으로써, 개인이 자신의 삶을 보다 의미 있고 충실하게 만들어갈 수 있는 기초를 제공합니다.

## (3) 정체성과 일치하는 삶의 실천

　자신의 정체성을 깊이 이해한 후에는, 이를 바탕으로 자신의 가치와 신념에 일치하는 삶을 적극적으로 실천해 나가는 것이 중요합니다. 이 과정은 자신의 정체성에 부합하는 결정을 내리고, 그에 따른 행동을 조정함으로써, 자신의 정체성을 반영하는 삶을 적극적으로 만들어가는 것과 같습니다. 정체성에 부합하는 삶을 실천함으로써 개인은 자신의 가치와 신념을 일상생활에 통합하고, 이를 통해 자신의 삶에 보다 큰 만족과 의미를 찾을 수 있습니다. 이는 자신의 정체성을 꽃피우고, 자신이 지향하는 삶을 현실화하는 과정으로, 자기 자신에게 충실하며 의미 있는 삶을 살아가는 데 중요한 단계입니다.

## (4) 정체성의 지속적인 발전

자아 정체성은 변화하는 삶의 과정 속에서 지속적으로 발전하는 개념입니다. 이는 자신의 삶과 정체성이 고정되어 있는 것이 아니라, 계속해서 성장하고 변화하는 생명체와 같다는 것을 의미합니다. 여러분은 새로운 경험과 관계를 통해 지속적으로 자신을 성찰하고, 그 과정에서 자신의 정체성을 발전시켜 나가야 합니다. 이러한 발전은 자신을 둘러싼 세계와의 상호작용 속에서 이루어지며 새로운 도전과 경험을 통해 자신의 이해를 확장하고, 자신의 가치와 신념을 재정의하며 지속적으로 성장하는 자신의 모습을 발견하는 과정입니다. 정체성의 지속적인 발전은 자신의 내면적 성찰과 외부 세계와의 상호작용을 통해 이루어지며, 이를 통해 여러분은 더욱 풍부하고 다층적인 자기 자신을 발견하고 삶의 다양한 단계와 상황에 맞게 자신을 조율해 나갈 수 있습니다.

## (5) 자신감의 구축

자신의 정체성을 명확하게 이해하고 확립하는 것은 자신감을 구축하는 데 있어 필수적인 요소입니다. 이 과정은 여러분이 자신의 가치와 신념에 대한 확신을 갖게 하며, 이러한 확신은 삶의 여러 상황에서 단단하고 자신감 있는 태도를 가질 수 있는 기반이 됩니다. 자신의 정체성을 확립함으로써, 개인은 자신의 선택과 결정에 대해 더욱 확신을 가지게 되며, 다양한 도전과 상황에 자신감을 가지고 맞서 나갈 수 있는 힘을 제공합니다. 자신감의 구축은 자신의 내면적인 가치와 신념을 견고하게 하고, 이를 바탕으로 외부 세계와 상호작용할 때 더욱 강인하고 확고한 태도를 유지할 수 있게 합니다. 이는 자신의 삶을 자신의 방식대로 살아가며, 자신이 직면한 여러 상황과 도전에 당당하게 맞설 수 있게 하는 중요한 역량입니다.

## 2. 자기 존중감 증진시키기

자기 존중감은 우리 삶의 핵심적인 부분으로, 자기 가치 인식과 자신감 향상을 통해 강화됩니다. 본 장에서는 자기 존중감을 증진시키는 방법을 다룰 것입니다.

### (1) 자기 가치 인식의 중요성

자기 가치를 인식하는 것은 자기 존중감의 기반이 됩니다. 자신의 강점이나 능력을 인식하고 이를 가치 있게 여기는 것이 중요합니다. 특히 자신에 대한 긍정적인 인식은 자기 존중감을 높이는 데 필수적입니다. 또한 자신과의 대화를 개선함으로써 자기 인식을 높이고 자기 존중감을 강화하십시오. 스스로에게 부정적인 말을 하지 않고, 긍정적이고 자비로운 언어를 사용하여 자신을 격려하고 칭찬하십시오.

### (2) 자신감 향상을 위한 실천

자신감을 향상시키기 위한 구체적인 실천은 자기 존중감 증진의 핵심입니다. 새로운 도전을 시도하고 성취함으로써 자신감을 점차적으로 향상시키십시오. 여러분은 자신에게 충분한 시간을 투자해야 합니다. 실천은 반드시 자기 가치의 증진을 가져오니까요. 취미나 자기계발 등 자신을 위한 시간을 갖고, 이를 통해 자기 가치를 높이세요.

## (3) 지속적인 자기 존중감의 유지

자기 존중감의 유지는 지속적인 노력이 필요합니다. 여러분은 상기에 서술된 자기 존중감을 높이는 행동을 지속적으로 실천하고, 이를 일상생활에 통합하세요.

자기 존중감을 증진시키는 방법과 그 중요성을 이해하고 실천하는 것은 매우 중요합니다. 자기 가치 인식과 자신감의 향상이 여러분의 삶을 보다 긍정적이고 의미 있는 방향으로 이끌 것이기 때문입니다. 지속적인 자기 존중감의 실천을 통해, 여러분은 더욱 강력하고 확신에 찬 삶을 살아갈 수 있을 것입니다.

## 05
## 자기 주장의 지속적 개선 : 다양한 관점의 피드백 적용

### 1. 피드백 받기와 반영하기

### (1) 피드백의 수용과 반영

성공적인 자기 주장을 위한 피드백의 수용과 반영은 개인의 사고와 표현을 지속적으로 제련시키는 과정입니다. 피드백은 단순한 조언을 넘어, 자기 주장의 깊이와 너비를 확장하는 데 필수적인 역할을 합니다.

피드백을 받을 때는 다양한 관점을 경청하고, 그 안에서 유용한 통찰을 찾아내어 자신의 주장을 보강해야 합니다. 피드백은 개인의 성장과 자기개발의 촉매제 역할을 합니다. 피드백을 받아들이고 이를 자신의 주장과 사고에 반영함으로써, 우리는 새로운 관점을 포용하고 자신의 한계를 넘어서는 기회를 가질 수 있습니다. 피드백을 통해 얻은 교훈과 통찰은 자기 주장을 더욱 깊고 넓게 만들어, 자신의 메시지에 무게와 신뢰성을 부여합니다. 결국 피드백의 수용과 반영은 단순히 자기 주장을 개선하는 것을 넘어, 개인의 지적 성장과 개성의 발전에 기여합니다.

종합적으로, 피드백을 통한 학습과 성장은 자기 주장을 보다 강력하고 설득력 있게 만드는 과정입니다. 이 과정을 통해 우리는 자신의 생각과 주장을 끊임없이 재평가하고 새로운 통찰을 받아들이며, 자신의 메시지를 보다 효과적으로 전달할 수 있는 방법을 모색합니다. 지속적인 학습과 개선을 통해, 우리의 주장은 더욱 성숙하고 탄탄해질 것입니다.

## (2) 비판적 피드백의 활용: 비판적 피드백을 통한 주장의 개선

주장의 개선과 성장은 비판적 피드백의 활용을 통해 이루어지며, 이 과정은 자신의 생각과 아이디어를 더욱 완성도 높게 다듬어 나가는 과정입니다. 비판적 피드백은 우리의 사고와 표현을 다듬고 강화하는 데 필수적인 도구로 작용합니다.

비판적 피드백은 대부분 우리가 간과하거나 인식하지 못했던 부분을 드러내 줍니다. 이는 우리의 사고와 주장을 더욱 명확하고 효과적으로 만들어주는 통찰력 있는 조언의 원천이 됩니다. 비판을 수용하는 과정은 자기개발의 중요한 단계로 개인이 감정적이 아닌 객관적인 시각에서 피드백을 분석하고, 우리는 그것이 자신의 주장에 어떤 영향을 미칠 수 있는지 고려해야 합니다.

비판을 개인적 공격으로 여기기보다는 성장의 계기로 활용하고자 하십시오. 비판적 피드백을 통해 다양한 관점을 경청하고 이해함으로써, 우리는 자신의 주장에 대해 보다 균형 잡히고 포괄적인 시각을 갖게 됩니다. 이러한 과정은 자신의 사고를 보다 세밀하게 조율하고 완성도를 높이는 것과 유사하며, 우리는 비판적 피드백을 기반으로 주장의 약점을 파악하고 강화하는 방향으로 전략적으로 개선해야 합니다.

이는 의사소통 능력을 강화하는 데에도 큰 도움이 됩니다. 이 과정을 통해 우리는 주장을 더 명확하고 설득력 있게 전달하는 방법을 배우고, 자신의 아이디어를 효과적으로 표현하는 법을 익힙니다. 비판적 피드백을 통한 학습과 성장은 끝이 없는 과정으로, 이를 통해 우리는 끊임없이 변화하고 발전하는 다양한 상황에 적응하고 대응하는 능력을 키울 수 있습니다.

이를 통해 개선된 주장을 전달하는 것은 자신의 사고와 아이디어가 성장한 결과를 보여주는 과정입니다. 이는 우리의 주장을 더욱 강력하고 설득력 있게 만들어주며, 자기주장 능력을 한층 더 강화할 것입니다.

## 06
## 적응력 향상: 다양한 상황에서의 적응력 개발

우리 삶은 끊임없이 변화하는 환경 속에서 이루어집니다. 변화하는 환경 속에서는 다양한 상황에서 적응력을 개발하고 향상시키는 능력이 매우 중요하게 작용합니다. 여행자가 다양한 나라와 문화에 적응하며 여행하는 것처럼 여러분도 적응력을 개발해 변화하는 상황 속에서 유연하게 대처하며 성장하는 능력을 길러야 합니다.

### 1. 적응력 개발하기

적응력을 기르는 것은 변화하는 세상에서의 성공과 발전을 위한 필수 덕목입니다. 이는 우리가 끊임없이 변화하는 환경 속에서 효과적으로 생존하고 번영하는 데 도움을 줍니다. 적응력을 강화함으로써, 우리는 변화에 능동적으로 대처하고, 새로운 상황에서 기회를 포착하고 활용할 수 있습니다.

적응력을 개발하려면 먼저 유연한 사고방식이 필요합니다. 이는 다양한 시각에서 문제를 바라보고 고정된 사고 방식에 얽매이지 않으며, 창의적으로 해결책을 모색하는 능력을 말합니다. 유연한 사고방식을 가짐으로써, 우리는 예기치 않은 상황에 더욱 빠르고 효과적으로 대응할 수 있습니다.

새로운 경험과 도전에 대한 개방성 또한 적응력을 강화하는 데 필수적입니다. 새로운 상황에 대해 호기심을 가지고, 그 안에서 배울 점을 찾으며, 그 과정에서 얻은 지식과 경험을 적극적으로 활용하는 것이 중요합니다. 이러한 개방성은 우리가 끊임없이 배우고 성장하는 데 도움을 줍니다.

변화하는 환경에서 적응력을 발휘하기 위해서는 효과적인 스트레스 관리와 감정 조절 능력 또한 갖추어야 합니다. 스트레스를 관리하고 긍정적인 마인드셋을 유지함으로써, 우리는 어려운 상황에서도 효과적으로 대처하고, 더욱 집중력 있고 목표 지향적으로 행동할 수 있습니다.

다양한 사회적 관계망을 활용하는 것 또한 적응력을 강화하는 데 도움이 됩니다. 다양한 배경과 경험을 가진 사람들과의 상호작용을 통해 새로운 관점과 아이디어를 얻고, 이를 통해 우리의 사고와 행동을 보다 유연하고 창의적으로 만들 수 있습니다.

마지막으로, 변화와 적응 과정 자체를 긍정적으로 받아들이는 태도가 중요합니다. 변화를 성장과 발전의 기회로 여기고, 이를 적극적으로 활용하는 것이 중요합니다. 이러한 긍정적인 태도는 우리가 변화에 더욱 적극적으로 대응하고, 새로운 상황에서 기회를 포착하며, 끊임없이 성장하는 데 도움을 줍니다.


이러한 방법들을 통해 적응력을 개발하고 강화하는 것은 우리가 끊임없이 변화하는 세상 속에서 새로운 기회를 발견하고 지속적으로 성장하고 발전하는 데 중요한 역할을 합니다. 지속적인 적응과 학습을 통해 우리는 더욱 강력하고 유연한 삶을 살아갈 수 있을 것입니다.

## 2. 변화하는 상황에 대응하기

### ● 유연한 사고방식 함양하기

 변화하는 상황에 효과적으로 대응하기 위해서는 유연한 사고방식을 함양하는 것이 필수적입니다. 유연한 사고방식은 빠르게 변화하는 환경 속에서 성공적으로 적응하고 항해하는 데 필요한 핵심 도구입니다. 이는 마치 바람에 따라 방향을 바꾸는 나침반처럼, 변화하는 상황에 유연하게 대응할 수 있는 능력을 의미하며, 예상치 못한 도전과 기회에 효과적으로 대처하는 데 도움을 줍니다.

 유연한 사고를 위한 첫걸음은 고정된 사고방식을 벗어나는 것입니다. 이는 자신의 기존 생각과 가정을 재검토하고 새로운 관점을 받아들임으로써 발전시킬 수 있습니다. 상황에 맞게 사고방식을 조정하는 능력은 적응력을 강화하며, 다양한 상황에서 유연하게 사고하고 대응함으로써 문제를 해결하고 기회를 포착할 수 있습니다.

 유연한 사고방식은 창의적인 문제 해결을 촉진합니다. 이는 다양한 관점에서 문제를 바라보고, 기존의 틀을 벗어난 해결책을 모색함으로써 보다 창의적인 접근을 가능하게 합니다. 감정을 조절하고 유연하게 대응하는 것은 변화에 적응하는 데 중요하며, 감정적으로 과도하게 반응하기보다는 침착하게 상황을 평가하고 객관적으로 대응하는 태도를 유지해야 합니다.

 이는 지속적인 학습과 성장을 통해 발전합니다. 새로운 정보와 지식을 지속적으로 탐구하고, 이를 여러분의 사고와 행동에 통합하여 유연성을 증진시키는 것이 중요합니다. 이 과정은 지식의 바다를 항해하는 탐험가가 끊임없이 새로운 발견을 추구하는 것과 유사합니다.

유연한 사고방식의 실천은 일상생활에서의 지속적인 노력을 필요로 합니다. 다양한 상황에서 유연하게 사고하고 행동함으로써 변화하는 환경 속에서도 성공적으로 대처할 수 있습니다. 지속적인 유연성의 실천을 통해, 여러분은 더욱 강력하고 창의적인 삶을 살아갈 수 있을 것입니다.

## 07
## 장기적 자기주장 계발 계획 : 달성 과정 평가하기

### 1. 목표 설정에서의 달성 과정 평가

### (1) 목표 달성 과정의 정기적 평가 및 조정

목표 달성 과정의 평가는 목표 설정의 중요한 부분입니다. 이 과정은 계획된 목표를 효과적으로 추진하고, 필요한 조정을 통해 최종 목표에 도달할 수 있도록 도와줍니다. 목표 달성 과정의 정기적 평가 및 조정은 다음과 같은 방식으로 이루어집니다

● 첫째, 진행 상황의 정기적 검토

우리는 설정한 목표에 대해 정기적으로 진행 상황을 검토해야 합니다. 이것은 목표를 달성한 정도와 겪고 있는 어려움을 파악하는 것을 포함합니다. 이 과정의 목적은 자신이 어디에 있는지, 어디로 가고 있는지를 명확하게 파악하는 것입니다.

● 둘째, 목표 달성 기준 설정

목표 달성을 위한 구체적이고 측정 가능한 기준을 설정해야 합니다. 이러한 기준은 진행 상황을 객관적으로 평가하는 데 도움이 됩니다. 예를 들어 일정 시간 안에 특정한 작업을 완료하거나, 특정한 성과 지표에 도달하는 것이 이에 해당합니다.

● 셋째, 성과와 장애물 분석

달성한 성과와 직면한 장애물을 분석해야 합니다. 이를 통해 어떤 전략이 효과적이었는지, 어떤 부분에서 개선이 필요한지를 파악할 수 있습니다. 또한 장애물을 극복하기 위한 새로운 접근 방법을 모색할 수 있습니다.

● 넷째, 피드백의 활용

자기 평가뿐만 아니라, 동료나 멘토로부터의 피드백을 받는 것도 중요합니다. 이러한 피드백은 객관적인 관점을 제공하고 목표 달성 전략을 개선하는 데 도움이 될 수 있습니다.

● 다섯째, 계획의 조정과 적응

진행 상황에 따라 계획을 조정하고 적응하는 것 또한 중요합니다. 만약 목표에 도달하는 데 있어 어려움이 있다면, 목표 자체를 조정하거나, 달성 방법을 변경할 수 있습니다.

이처럼 목표 달성 과정의 정기적 평가 및 조정은 유연성과 지속 가능한 성장을 가능하게 합니다. 이는 계획의 효과성을 높이고, 최종 목표 달성을 위한 길을 안내하는 중요한 과정입니다.

## (2) 달성 과정의 평가 예시

## [ 직장인 최현우 씨의 자기 주장 능력 향상 목표 세우기 ]

● 진행 상황의 정기적 검토

최현우 씨는 매주 금요일, 그 주에 있었던 회의나 대화에서 자신의 주장을 어떻게 했는지를 돌아봅니다. 그는 자신이 의견을 명확히 표현했는지, 어려움을 겪었던 상황은 무엇이었는지 그리고 다른 사람들의 반응은 어땠는지를 기록합니다. 지난 한 주를 반추했을 때, 그를 당황시킨 것은 자신의 의견이 묵살당하고, 논리적으로 반박된 것이었습니다. 이러한 상황을 통해 그는 자신의 주장을 더 강화할 필요가 있음을 깨닫습니다.

● 목표 달성 기준 설정

최현우 씨는 매달 적어도 두 번 이상 회의에서 자신의 의견을 분명하게 제시하고, 그 의견이 회의 안건에 반영되도록 하는 것을 목표로 설정했습니다. 회의 안건에 반영된다는 것은 곧 효과적으로 자기 주장을 했다는 것이기 때문입니다. 이를 위해 그는 자신의 의견을 사전에 명확하게 정리하고, 관련 자료와 근거를 준비하기를 계획했습니다.

● 성과와 장애물 분석

첫 달 동안 최현우 씨는 목표를 달성하는 데 성공했으나, 일부 회의에서는 여전히 어려움을 겪었습니다. 그는 자신의 의견이 효과적으로 전달되지 않았던 경우들을 분석하고, 이러한 상황에서 더 확신 있고 명확하게 의견을 제시할 방법을 모색했습니다.

## ● 피드백의 활용

최현우 씨는 더 나은 성과를 위해 동료들과 상사에게 자신의 의견 제시 방식에 대한 피드백을 요청했습니다. 이 피드백을 통해 그는 자신의 의사소통과 주장 방법에 대한 객관적인 평가를 받고, 개선점을 찾습니다.

## ● 계획의 조정과 적응

초기에는 자신의 의견을 충분히 표현하는 데 어려움을 겪었던 최현우 씨는, 피드백과 자기 평가를 바탕으로 접근 방식을 조정합니다. 그는 더 자신 있고 구체적인 의견 제시 방법을 개발하기 위해 자기 주장 기술 강화에 집중하기로 결정합니다. 최현우 씨는 자신의 주장 능력을 향상시키기 위해 전문 강의에 참여합니다. 이러한 강의에서 그는 의견을 효과적으로 전달하는 방법, 반대 의견에 대응하는 전략을 구성하는 방법을 배웠습니다. 그는 동료들과 함께 실제 회의 상황을 모의 연습합니다. 이 과정에서 그는 다양한 시나리오에서 자신의 주장을 시험해보고, 동료들로부터 즉각적인 피드백을 받습니다.

# 성공적인 자기주장을 위한 긴급보고서

**1판 1쇄 발행** 2024년 2월 16일

**지은이** 팀 구텐베르크

**편집** 김해진   **마케팅·지원** 김혜지

**펴낸곳** (주)하움출판사   **펴낸이** 문현광

**이메일** haum1000@naver.com   **홈페이지** haum.kr

**블로그** blog.naver.com/haum1007   **인스타** @haum1007

**ISBN**   979-11-6440-539-8 (03370)